세계사를 바꾼

룰 이야기

세계사를 바꾼
룰 이야기

이토 다케루 지음 | 조사연 옮김

samho MEDIA

세상은 룰로 가득 차 있다

여러분은 룰을 깨뜨리고 싶다는 마음이 든 적 없나요? 우리
주변에는 갖가지 규칙과 규정, 법률 등 수많은 룰이 존재합니
다. 회사에서 일할 때는 회사 내규를 비롯해 업무 매뉴얼, 안
전 수칙 등 여러 가지 룰을 따라야 하지요. 명문화된 룰 외에
도 직장인의 기본 소양이라는 명목으로 고객 응대나 상사에
대한 예절과 배려 등 암묵적인 룰도 지켜야 합니다. 그중에는
솔직히 고개를 갸웃하게 만드는 것도 있습니다.

그럼 회사 밖으로 나오면 좀 더 자유로울까요? 알다시피 그
렇지 않습니다. 우리가 살아가는 사회는 모든 것이 룰로 이뤄
져 있다고 해도 과언이 아닙니다. 도로에서는 법으로 정해진
교통 법규를 지켜야 하고, 지하철 승강장에서 전철을 기다릴
때도 하차하는 승객의 공간 확보를 위해 문 앞을 비워 둔다는
룰을 지킵니다.

집에서도 마찬가지입니다. '쓰레기 분리배출은 아빠 담당'이라는 식으로 가정에서 정한 가사 분담의 룰이 있기 마련입니다. 또 TV 중계로 좋아하는 야구라도 볼라치면 수비 방해와 같은 규칙 위반에 대해 설명하는 심판의 목소리가 들립니다. 이처럼 우리 일상은 룰이 없는 곳을 찾기 어려울 만큼 갖가지 룰로 둘러싸여 있습니다.

룰은 사람과 사람 사이의 관계를 규정합니다. 룰이 있음으로써 인간관계가 원활하게 유지되고 안심하고 생활할 수 있습니다. 단, 왜 존재하는지 이해되지 않는 룰이나 지나치게 엄격해서 모두를 피곤하게 만드는 룰도 많은 게 현실입니다. 때로는 무언가 새로운 일에 착수할 때 룰 자체가 걸림돌이 되기도 합니다.

예를 들어 요즘에는 디지털 전환DX, Digital Transformation의 흐름에 맞춰 신사업을 추진하는 기업이 많습니다. 이때 가장 큰 걸림돌이 사내 결재 룰입니다. 기존 부서의 구조와 업무에 맞춰 만들어진 룰은 신사업처럼 위험을 감수해야 하는 일에는 적합하지 않습니다. 그 결과 여러 타 부서의 저항을 이기지 못하고 유망한 신규 사업이 좌초하는 사례가 허다합니다.

이런 일들을 마주할 때마다 과연 룰은 우리의 행복과 발전을 위해 존재하는지, 아니면 우리를 속박하고 피곤하게 만들기 위해 존재하는지 종종 의문이 들기도 합니다.

그렇다면 우리는 룰은 바꾸면 안 되는 걸까요? 사람의 우위에 룰이 있고, 우리는 그저 그것을 따르며 살아가면 되는 걸까요? 그렇지 않습니다. 룰은 사람들이 소통을 위해 만든 도구에 불과합니다. 그러니 사용하기 불편하다면 당연히 바꿀 수 있습니다.

이 책은 현재 자신을 둘러싼 룰의 효용성에 의문이 들거나, 룰을 바꾸고자 하는 생각을 품은 사람들을 위해 쓴 책입니다. 룰을 바꾸기 위해서는 그 본질을 알아야 합니다. 본문에서는 경제와 산업을 중심으로 몇몇 역사적 사건과 룰의 관계를 들여다보고, 당시의 룰이 어떠한 목적으로 만들어졌으며 이를 위해서 어떤 기법이 사용되었는지를 분석해 나갑니다. 그 흐름을 좇다 보면 룰을 바꾸는 방법도 보일 것입니다.

1장에서는 아주 오래전 인간과 룰의 관계가 어떠했는지 살펴봅니다. 인간과 룰의 관계는 언제부터 시작되었으며, 어떤 상황에서 룰을 만들어 왔는지 등 기본적인 관계를 알아봅니다. 2장에서 5장까지는 기존의 룰을 부수고 새로운 룰을 창조한 이들의 역사를 조명합니다. 룰을 파괴한 결과 전혀 생각지 못한 좋은 룰이 탄생한 사례나, 의도와는 사뭇 다른 방향으로 룰이 만들어진 사례 등을 소개합니다.

각 장은 룰의 목적에 따라 나눠 기술했습니다. 2장에서는 '신용 룰'로 작동하는 금융 세계에서 '기대와 안전감'이라는 요소를 최대한 활용하려고 한 사람들의 고군분투를 살펴봅니다. 3장에서는 특허와 같은 '창조 룰'이 '확산과 통제'라는 요소를 적절히 활용함으로써 성공하는 과정을 담았습니다. 4장에서는 자동차 산업이 '보급'되는 과정에서 '참여 유도와 역할 분담'이라는 요소가 얼마나 중요한 역할을 했는지 살펴봅니다. 5장 '육성 룰'에서는 각 나라의 기업 육성 스타일이 '지원과 방임'이라는 측면에서 국가마다 다양한 특징이 있음을 이해합니다.

6장에서는 인터넷이 등장합니다. 인터넷의 출현으로 인간과 룰의 관계는 크게 변했습니다. 인터넷과 룰은 어떤 관계를 맺고 있으며, 인터넷이 발달한 네트워크 사회에서 룰의 구조가 얼마나 극적으로 바뀌게 되었는지를 분석합니다. 그리고 마지막 장에서는 룰의 탄생과 소멸을 개괄해 정리합니다. 각 장을 되짚어보면서 룰은 불변의 존재가 아니라, 생물처럼 태어나 성장하고 변화하다 사라지는 존재임을 재확인합니다. 우리는 생물과도 같은 룰을 우리 손으로 만들고 관리하고 변화시킬 수 있습니다.

이 책을 다 읽을 즈음에는 룰을 바꾼다는 생각조차 해 본 적 없는 사람도 새로운 룰을 만들고 싶은 충동에 사로잡힐지 모르겠습니다.

CONTENTS

CONTENTS

Ebenezer Cobb Morley
(1831–1924)

'놀이'에서 시작된 룰
: 룰은 커뮤니케이션의 도구다

"오늘 밤 일정은 모두 취소다."

풋볼협회 서기관 에베니저 몰리의 얼굴에 동요의 기색이 역력했다. 풋볼
경기 규칙을 통일하기 위해 열린 이번 회의는 경기 중 상대방 정강이를 걷
어차는 등의 행위를 허용할 것인가가 최대 쟁점이었다. 벌써 네 번째 회의
인 만큼 이제는 기본 방침을 결정해야 했다.

그리고 마침내 제4차 회의에서 통일 룰의 기본 방침을 확정하는 안이 의
결됐다. 결의 결과는 정강이를 차는 행위 등을 허용하는 것이었다. 세부적
인 사항은 추후 회의에서 정하겠지만, 이제 기본 방침 자체를 변경할 수는
없게 되었다.

그러나 몰리는 정강이 걷어차기를 허용한다는 결정을 결코 납득할 수 없
었다. 지나치게 야만적인 룰이었기 때문이다. 한 번 정해졌으니 어쩔 수 없
다고 포기하기엔 너무나 큰 문제였다. 절망적인 상황이긴 했지만, 몰리는
만회할 방법을 모색하기 시작했다.

신사의 스포츠,
불량배의 스포츠

"사커는 불량배들이 하는 신사의 게임이고, 럭비는 신사들이 하는 불량배의 게임이다."라는 말을 들어본 적 있나요? 2차 세계대전을 승리로 이끈 영국 총리이자 노벨 문학상 수상자인 윈스턴 처칠Winston Churchill이 사커와 럭비를 비교하며 한 말입니다.

사커(축구)와 럭비는 전혀 다른 스포츠처럼 보이지만 사실 풋볼Football(일반적으로 럭비, 사커, 미식축구를 포괄하는 일반적인 용어)이라는 하나의 뿌리에서 나온 스포츠입니다. 애당초 풋볼은 중국에서 탄생한 축국蹴鞠이 몽골 제국의 확장과 함께 유럽에 전해졌다고 알려져 있습니다. 중국의 축국이 귀족들의 유희라는 이미지가 강하다면, 유럽의 풋볼은 대중 오락적 이미지가 강합니다.

유럽의 초기 풋볼은 공을 무조건 골대까지만 가지고 가면 어떤 행동을 하든 상관없었습니다. 참가 인원도 100명이 넘는 경우가 많았어요. 대부분 축제 기간에 열렸기 때문에 스포츠라기보다는 축제 행사에 가까웠습니다. 게다가 공을 들고 뛰는 동안에는 뭘 해도 좋다는 게 룰이다 보니, 늘 몸싸움이 뒤따랐습니다. 부상자나 사망자가 끊이지 않아 각지에서 이따금 풋볼 금지령이 내려질 정도였습니다.

이처럼 혼잡하고 시끄러운 스포츠였던 풋볼에 룰을 만들어 적용한 곳이 영국의 **퍼블릭 스쿨**Public School입니다. 민간 풋볼 경기는 광활한 농지에서 열렸습니다. 그러나 양모산업의 발달로 양 축산 농가가 늘면서 농지는 울타리로 둘러싸였고 농민은 쫓겨났습니다.

> **퍼블릭 스쿨**
> 영국의 사립 중등학교. 사립임에도 '퍼블릭'이라고 부르는 이유는 돈을 내면 신분과 상관없이 졸부라도 입학할 수 있었기 때문이다. 오히려 신흥 지주 계층의 자녀가 많이 입학하는 부르주아 계급을 위한 학교였다.

그 결과 민간 풋볼 경기가 열릴 만한 장소도 거의 사라지고 말았습니다.

이런 상황 속에서 풋볼의 명맥을 유지하고 있던 곳이 퍼블릭 스쿨입니다. 교정에서 열리는 시합인 만큼 민간 풋볼처럼 난폭하지는 않았지만, 그래도 거친 성향은 여전했습니다. 19세기 들어 퍼블릭 스쿨의 교사들은 교육적 관점에서 풋볼 규칙을 손보기 시작했습니다. 당시 대개의 퍼블릭 스쿨에서는 골대 안으로 들어온 공을 손으로 잡아도 되지만 그 즉시 발로 차야 한다는 룰이 일반적이었습니다. 반면 럭비 스쿨Rugby School(영국에서 가장 오래된 퍼블릭 스쿨)이나 신흥 명문 퍼블릭 스쿨에서는 공을 들고 뛰는 것도 허용했습니다.

이와 관련한 에피소드가 '엘리스 전설'입니다. 럭비 스쿨 학생이었던 윌리엄 웹 엘리스William Webb Ellis는 어느 날 풋볼 시합 중 날아온 공을 손으로 잡았는데, 지나치게 흥분한 나머지 공을 든 채 질주하는 일이 일어났습니다. 이 사건을 계기로 럭비 스쿨에서는 공을 들고 달리는 행위도 경기 룰로 인정하게 된 것이죠.

에피소드의 진위 여부를 두고 의견이 분분하지만, 럭비 월드컵의 우승 기념 트로피는 엘리스의 이름을 따서 '웹 엘리스 컵'이라고 부릅니다. 공을 들고 뛴 최초의 선수가 엘리스였는지 아닌지는 차치하고, 이 무렵의 풋볼 경기에서는 다양하게 응용된 플레이가 나왔고, 그게 재미있다고 여겨지면 그대로 룰로 인정되었던 듯합니다.

몰리의
비책

각 퍼블릭 스쿨마다 풋볼 규칙이 만들어지자, 퍼블릭 스쿨 졸업생 등으로 구성된 민간 풋볼 클럽이 속속 생기기 시작했습니다. 그리고 이들 클럽 간의 교류전이 활발히 열리면서 이번에는 룰을 통일해야 한다는 필요성이 대두됐습니다.

1863년 설립된 풋볼협회는 룰을 통일하는 작업에 착수했습니다. 룰 제정을 위해 열린 회의의 최대 쟁점은 공 들고 뛰기와 정강이 걷어차기를 금지해야 하는가 허용해야 하는가의 문제였습니다. 정강이를 차도 괜찮은지를 논의한다니! 지금의 상식으로는 이해하기 어렵지만, 당시 풋볼은 이러한 논의에 위화감이 없을 만큼 난폭한 스포츠였습니다.

더욱 용맹스럽고 격렬하게 경기하길 바라는 클럽 입장에서는 정강이를 걷어차는 행위는 용감한 행동이었고, 금지할 이유가 없었습니다. 이에 반해 규칙의 초안을 만든 사람들은 정강이를 걷어차는 행동은 신사적이지 못하다고 생각했습니다. 용맹함인가? 신사다움인가? 두 가지 관점에서 논의는 평행선을 달렸습니다. 이런 상황 속에서 통일 룰을 정리하는 회의를 주재한 이가 첫머리에 등장한 풋볼협회 서기관 몰리입니다.

허용을 주장하는 쪽은 정강이를 걷어차는 행위야말로 '풋볼 본연의 모습'이며 만약 금지한다면 풋볼에서 '용맹함과 기세를 통째로 앗아가는 결과'를 낳을 것이라고 역설했습니다. 나아가 이러한 룰로 경기했다가는 패기라곤 찾아볼 수 없는 프랑스인에게조차 지고 말 것이라고 주장했습니다. 반면 금지를 주장하는 쪽은 정강이를 걷어차는 행위는 미성숙한 학생이나 할 법한 행동이고 분별력을 갖춘 사람이라면 그런 플레이를 하지 않는다고 강조했습니다.

이전의 회의에서는 허용파가 우세했습니다. 앞에서 설명했듯이 제4차 회의에서는 공 들고 뛰기, 정강이 걷어차기의 허용 여부를 두고 최종 의결에 들어갔습니다. 그 결과 두 가지 모두 허용하는 안이 채택됐습니다. 이에 가장 절망한 사람은 회의를 주재한 서기관 몰리였습니다. 의결에 따라 정강이 걷어차기 등이 허용될 예정이었지만, 몰리는 포기하지 않고 끝까지 타개책을 고민했습니다.

얼마 뒤 제5차 회의가 열렸습니다. 그런데 공교롭게도 허용파의 참석률이 저조했고, 몰리는 이 기회를 놓치지 않았습니다. 몰리는 회의 서두에서 지난 회의록의 내용을 낭독했지만, 4차 회의의 의결 내용은 일부러 읽지 않았습니다. 마치 의결이 없었던 양 행동한 것입니다. 그리고 더 나아가 정강이 걸어차기 허용 등에 대한 찬반을 다시 투표에 부쳤는데, 이번에는 금지파가 수적으로 우세했기에 금지안이 통과됐습니다. 그리고 다음 회의 역시 허용파가 많이 참석하지 않았고, 그 결과 금지 결의안이 최종 확정됐습니다.

당연히 허용파는 부당하고 졸속적인 의사 진행에 크게 분노했습니다. 그들은 회의장을 박차고 나가 그길로 풋볼협회를 탈퇴했습니다. 그리고 새로운 협회를 만들었는데, 이것이 럭비 풋볼협회의 시초입니다. 이때부터 풋볼은 사커와 럭비 두 개의 스포츠로 나뉜 것이죠.

'애초에 축구는 손으로 공을 잡으면 안 되는 거 아니었어?' 이렇게 생각하는 사람도 많을 거예요. 그런데 사실 초창기 사커는 손으로 공을 잡는 것을 허용했던 거죠. 그 후 룰이 계속해서 정비되면서 손 사용을 완전히 금지하고 발만 사용하도록 바뀌었습니다. 사커는 일부러 불편한 방향으로 룰을 바꾼 셈입니다. 이후로도 여러 과정을 거치며 과거보다 단순해져서 현재 사커 룰은 17개 조만으로 이뤄져 있습니다.

한편 럭비는 용맹함을 중시해서인지 사커에 비해 다양한 경기 형태를 인정합니다. 손을 사용해도 괜찮고 태클로 상대를 넘어뜨리거나 여럿이 달려들어 공을 빼앗기도 합니다. 그래서 럭비 룰은 축구보다 꽤 복잡합니다. 럭비를 하는 사람조차 룰을 완벽히 이해하는 사람이 의외로 적다고 합니다. 참고로 초기의 럭비 룰은 정강이 걷어차기를 용납했지만, 역시나 너무 난폭하다는 의견이 많아 금지됐습니다.

사커와 럭비는 이처럼 각각의 룰을 정비하면서 전 세계인에게 사랑받는 스포츠로 성장했습니다. 그리고 그 룰은 현재도 계속 바뀌어 가고 있습니다. 최근에 개정된 룰을 보면 사커는 더 과격하게, 럭비는 더 신사적으로 바뀌는 등 반대 방향으로 움직이고 있다는 인상이 들기도 합니다. 서두에 소개한 사커와 럭비에 관한 속담은 '신사다워야 하는가? 용맹스러워야 하는가?' 하는 견해 차이로 분리될 수밖에 없었던 두 스포츠의 규칙을 두고 생긴 말입니다.

03

모든 것은
'놀이'에서 시작되었다

"스포츠는 하는 것도, 보는 것도 좋아하지 않아요."라고 말하는 사람이 의외로 많습니다. 하지만 놀기 싫어하는 사람은 드물 거예요. 여럿이서 시끌벅적 어울리는 것을 즐기지 않는 사람도 혼자 여유롭게 노는 시간은 좋아합니다.

놀이는 인간을 포함한 모든 동물의 본능입니다. '놀이'란 무엇인가를 연구한 네덜란드의 학자 요한 하위징아Johan Huizinga는 모든 놀이에는 저마다의 룰이 있으며, 이 룰을 위반하면 놀이의 세계가 붕괴한다고 말합니다. 한창 재미있게 놀고 있는데 누군가가 룰을 무시하는 바람에 갑자기

> **요한 하위징아**
> 네덜란드의 비교언어학·문화사 연구가. 인간의 놀이를 연구한 저서 《호모 루덴스》로 유명하다. 호모 루덴스란 라틴어로 '놀이하는 인간'이라는 의미.

분위기가 깨져 버린 경험, 아마 누구나 한 번쯤은 있을 거예요. 이처럼 놀이와 룰은 떼려야 뗄 수 없는 불가분의 관계라 할 수 있습니다.

그렇다면 놀이에는 왜 룰이 필요할까요? 이는 놀이가 '조건'과 '결과'라는 두 가지 요소로 이루어지기 때문이 아닐까 합니다. 세계 공통의 놀이인 술래잡기를 예로 들어볼게요. 보통 술래잡기는 일단 술래를 정한 다음, 그 술래가 아이들을 잡으러 쫓아다니는 방식으로 진행됩니다. 술래가 누군가를 잡으면 그 아이가 술래가 되지요. 술래잡기의 조건은 '술래가 아이를 잡는다.'이고 결과는 '잡힌 아이로 술래가 교체된다.'입니다. 조건을 달성함으로써 새로운 결과가 나오는 것. 이것이 놀이의 재미입니다.

놀이는 인간만 향유하는 특별한 것이 아닙니다. 동물도 놀이를 즐깁니다. 반려견을 키우는 사람은 공을 던져주고 반려견이 물어오는 놀이를 해 봤을 거예요. 사람과 개 사이에도 룰이란 게 형성됩니다. 사람과 개 사이에 룰이 생기는 이유는 룰이 소통을 전제로 한 도구이기 때문입니다. 그래서 소통이 가능한 생물 간에는 커뮤니케이션의 도구로서 룰을 만들 수 있습니다.

사람에게는 '언어'가 있기에 동물보다 조건과 결과가 더 복잡한 룰을 만들 수 있습니다. 스포츠나 게임의 규칙도 언어를 사용해 더 복잡하고 재미있게 만들 수 있습니다. 앞에 나온 풋볼 규칙을 예로 들면, 애초 풋볼은 무슨 행동을 해도 좋으니 상대편 골대에 공을 집어넣기만 하면 되는 경기였습니다. 규칙에서 '골대에 공을 넣는다.'가 조건에 해당하고 '득점한다.'가 결과입니다. 사커와 럭비가 분리될 당시에는 '골대에 공을 넣을 때 손을 사용하도록 할 것인가?'라는 조건 부분이 논의 대상이었습니다. 조건과 결과의 룰을 어떻게 조정하느냐에 따라 놀이의 재미도 달라지는 것이죠.

04

룰의 완성도가
재미를 좌우한다

세상에는 스포츠와 게임 등 다양한 놀이가 있습니다. 달리기처럼 속도를 겨루는 스포츠는 아주 오래전부터 세계 각지에서 행해졌습니다. 탈 것을 사용해 속도를 겨루는 경마나 마차 경주도 있었지요. 씨름이나 레슬링처럼 단순해 보이는 격투기에도 반드시 룰이 있습니다. 좀 더 복잡한 룰로 이루어진 트럼프, 화투 같은 카드 게임이나 주사위 놀이도 전 세계 곳곳에서 즐겨 왔습니다.

이런 스포츠나 게임의 룰도 조건과 결과라는 두 가지 측면에서 분석할 수 있습니다. 먼저 조건 측면을 보면 실력과 우연적 요소의 비율, 심판의 유무 등에 따라 차이가 있습니다. 예를 들어 주사위 눈의 합이 짝수인지 홀수인지를 맞히는 게임은 100% 우연으로 승부가 결정됩니다. 반면 씨름이나 팔씨름 등은 완력이나 기술 등의 실력이 승패를 좌우합니다. 럭비는 타원형의 공이 어디로 튀느냐에 따라 뜻밖의 결과가 나오기도 합니다. 대부분의 룰은 실력과 우연이 적절한 균형을 이루도록 조정해 재미를 만들어냅니다.

이때 조건에 따라 난이도를 조정하는 것도 중요합니다. 축구 골대가 너무 작아 골키퍼가 양팔을 쭉 뻗기만 해도 손이 양 골대에 닿는다면 골 넣기가 쉽지 않겠지요. 그럼 대부분의 시합이 무승부로 끝나고 말 테니 재미없을 게 뻔합니다. 그렇다고 골대가 터무니없이 크면 이번에는 득점이 너무 쉽겠지요. 선수들은 힘들게 공을 이리저리 패스하며 돌아다니느니 골대를 향해 힘껏 차는 편이 슛 성공률이 훨씬 높습니다. 그러면 단순한 체력 승부 게임이 되고 맙니다. 이처럼 조건에 따른 난이도 조정은 게임의 재미를 좌우하는 핵심 요소라 해도 과언이 아닙니다.

다음으로 결과 측면은 단순히 승패나 순위를 매기는 방법, 득점이라는 수적 요소를 사용하는 방법, 누가 이기고 지는가보다는 각자의 테크닉 향상을 확인하는 방법 등이 있습니다. 이에 더해 경기 중의 플레이에 따라 페널티가 주어지기도 합니다. 그리고 승패나 득점에 따라 돈이 움직이는 것도 있어요. 바로 '도박'입니다.

룰의 조건과 결과는 시대와 장소에 따라 새롭게 만들어지거나 끊임없이 변해 왔고, 그 결과 세계 곳곳에서 다양한 스포츠와 게임이 탄생했습니다. 앞서 말했듯이 풋볼은 중국에서 기원한 축국이 유럽에 전해지며 시작됐다고 추정됩니다. 먼 옛날 중국과 한국, 일본의 축국은 두 형태로 행해졌는데, 여럿이 모여 공을 계속 높이 차올리는 형태와 오늘날처럼 골대와 비슷한 영역에 공을 차 넣는 형태가 있었다고 전해집니다. 시간이 흐르면서 축국의 룰은 골 없이 누가 오랫동안 공을 계속 차올리는지 겨루는 방식 위주로 발달한 듯합니다.

반면 유럽으로 전파된 축국은 앞서 살펴본 대로 서로 공을 빼앗는 거친 경기로 자리 잡았습니다. 유럽인은 골을 넣어 득점을 겨루는 방식을 좋아하고 아시아인은 모두 함께 공을 차올리는 방식을 즐긴 데에는 유럽과 아시아 각각의 문화가 반영된 영향이 있지 않을까 싶습니다.

다른 스포츠나 게임을 봐도 유럽은 승패를 결정 짓는 경기형 룰이 많습니다. 이에 반해 아시아의 나라들은 축국이나 대형 연날리기 등 서로 협력해 더 나은 결과를 끌어내는 형태나 죽방울 놀이, 공기놀이처럼 서로의 실력 향상이 목표인 협업형의 룰이 예로부터 많은 듯합니다.

스포츠 룰의 변천 ①

혁신을 거치며 분화한 수영의 룰

"양손은 가슴에서 수면, 수중 또는 물 위에서 앞쪽으로 나란
히 뻗고, 수면 또는 수면 아래에서 저어야 한다.
팔꿈치는 턴 직전 마지막 젓기, 턴 동작 중 또는 목표 지점에서
의 마지막 스트로크를 제외하고 물속에 들어가 있어야 한다."

어떤 스포츠의 룰을 설명하고 있는지 감이 오시나요? 바로 평
영입니다. 평영의 영법은 이뿐 아니라 전체적으로 상당히 세밀하
게 규정되어 있습니다. 그런데 초기의 평영은 이렇게 세세한 룰이
없었습니다. 초창기 수영 경기에서는 모든 선수가 평영으로 헤엄
쳤기 때문에 영법 룰을 정할 필요가 없었습니다.

당시 평영 외에 다른 영법이 아예 없었던 건 아닙니다. 배영이

나 미국 원주민이 즐기던 크롤 같은 영법으로도 수영하고 있었어요. 다만 평영이 아닌 다른 영법은 왠지 볼품없다는 인식이 퍼지면서 수영 선수들이 모두 평영으로 경기하게 된 것이죠.

그러나 남들의 시선보다 승부를 더 중요시하는 사람은 어디든 있기 마련입니다. 좋은 경기 성적을 위해 배영으로 경기에 임하는 선수가 점점 늘고 그들이 우승을 차지하자, 이번에는 배영은 보기에 흉하니 별도의 종목으로 아예 분리하자는 움직임이 일었습니다. 그 결과 제2회 파리 올림픽에서 평영을 자유형으로 남겨놓고, 배영을 별도 종목으로 규정하는 룰이 만들어졌습니다. 그후 미국 원주민의 영법을 개선한 크롤이 완성되면서 또다시 종목 분리에 대한 논의가 이루어졌습니다. 이때는 크롤을 독립시키지 않고 평영보다 빠른 크롤을 자유형으로 남기고, 평영을 독립시켜야 한다는 의견이 지배적이었습니다. 이렇게 해서 평영은 독립 종목이 됐습니다.

그다음으로 평영 룰 안에서 접영 영법이 생겨났고, 접영이 좋은 성적을 거두자 평영에서 접영이 분리 독립합니다. 평영과 접영은 양손과 양 다리가 똑같이 움직인다는 점이 같습니다. 이 두 가지를 구별하려고 고민하는 과정에서 평영의 세부 룰이 복잡해진 것이죠.

이처럼 수영 규칙의 발전과 세분되는 과정은 음악의 발전 과정과 비슷합니다. 서양 음악도 중세 종교 음악에서 태어나 오페라와 클래식으로 발전했습니다. 산업혁명 이후 프랑스에서는 샹송이 탄생했고, 미국에서는 재즈, 록, 팝 등 다양한 장르의 음악이 등장했습니다. 각각의 장르는 음악이라는 공통의 틀(룰) 안에 있으면서도 멜로디나 코드 등의 룰이 모두 다릅니다. 또 그 룰을 깨뜨림으로써 한층 자유롭고 새로운 장르가 탄생하기도 합니다.

수영도 수영이라는 공통의 룰 안에서 사람들이 더 빠른 영법을 고안해 나갔고, 그때마다 새로운 규칙이 만들어졌습니다.

중세 농경 사회가
룰 메이킹을 경계한 이유

세계에서 가장 오래된 법전은 무엇일까요? 익히 알려진 것이 **함무라비 법전**입니다(엄밀히 말하면 가장 오래되지는 않았지만). 함무라비 법전이라고 하면 '눈에는 눈, 이에는 이'라는 구절이 유명하지요. 물론 함무라비 법전에 이 조항만 있지는 않습니다. 함무라비 법전의 내용은 현대 법률과 비교해도 손색이 없을 만큼 포괄적이고 상세합니다.

중세까지의 세계에는 중국 각 왕조를 비롯해 오스만 제국, 로마 제국 등 대제

> **함무라비 법전**
>
> 기원전 18세기 바빌로니아의 왕 함무라비가 제정한 법률로 282개 조항으로 이루어져 있다. 높이 2.25m의 돌기둥에 법문이 새겨져 있으며 전문이 거의 다 남아 있는 고대 법률 중 하나다. 루브르 미술관에 소장되어 있다. 참고로 현존하는 가장 오래된 법전은 1952년 발굴된 우르-남무 법전으로 기원전 2100년~기원전 2050년에 만들어졌다고 추정된다.

국이 많았습니다. 이들 대제국은 나름의 법전을 충실히 갖추고 있었습니다. 그 이유는 농경 사회가 지향한 바가 모두 농업 수확량 증가에 있었다는 점에서 찾을 수 있습니다. 농작물의 수확량을 늘리려면 경지 면적당 생산량을 늘리거나 경작지를 늘려야 합니다. 예나 지금이나 농업은 잡초 제거, 용수 관리 등 많은 노동이 필요한 고된 작업이었기에 수확량을 늘리려면 무엇보다 농민들이 쉬지 않고 성실히 일하는 것이 관건이었습니다.

그래서 중세까지의 국가는 농민들에게 법이나 종교 등을 내세워 묵묵히 일할 것을 요구했습니다. 각 제국의 법전을 들여다보면 농지 등 토지 소유권 다툼에 관한 규정이나 분쟁 예방에 관한 규정이 많음을 알 수 있습니다.

법은 많은 나라에서 신성불가침의 영역이었습니다. 오래된 법일수록 훌륭하다고 여겨졌기에 아주 특별한 경우가 아닌 이상 기존의 법을 바꾸는 행위를 용납하지 않았습니다. 룰은 조건과 결과를 조정하며 새로운 것을 창조합니다. 하지만 농경 사회에서는 매일 변함없이 묵묵히 농사일을 계속하는 것이 바람직하기에 무언가를 바꿔야 하는 상황은 좀처럼 발생하지 않습니다. 하물며 사회의 일부 사람들이 자신들을 위해 룰을 새롭게 만든다는 것은 사회에 이질적인 집단이 출현하는 계기가 될 수 있습니다. 그런 이유로 농경 사회에서는 자유로운 룰 메이킹이 허용되지 않았던 것이죠.

한편 농경 사회에서 놀이는 예외적인 행사로, 축제 등 제한된 시기에만 행해지는 것이었습니다. 이때는 모든 사람이 놀이를 만끽했지만 열기가 과할 때는 종종 금지령이 내려지기도 했습니다.

06

당사자도 꺼려한
기이한 분쟁 해결법

농경 사회는 변화나 분쟁을 피하고자 했지만, 많은 사람이 모여 사회를 이루고 살아가는 이상 분쟁은 생길 수밖에 없습니다. 그래서 세계 각국에는 분쟁을 해결하는 수단으로 재판 제도가 있었습니다.

중세까지의 재판은 지금과 같은 법률이 정비되어 있지 않았습니다. 사실관계가 명확히 증명될 때는 별 문제가 없었지만, 그렇지 않아 다툼으로 번졌을 때는 어떻게 옳고 그름을 가리고 중재할지 방법을 마련해야 했습니다.

이때 많은 나라가 언뜻 게임처럼 보이는 방법으로 분쟁을 해결했는데, 특히 신명재판神明裁判이 흔히 행해졌습니다. 신명재판이란 어느 쪽이 옳은지 모를 때 신에게 물어보고 그 뜻에 따르자는 것입니다. 그런데 이 '신에게 물어보는 방법'에는 요즘의 TV 예능 프로그램의 황당무계함을 훨씬 능가하는 기이하고 끔찍한 방법도 있었습니다. 가령 유럽에서는 달군 쇳조각을 쥐게 하거나, 뜨거운 물 속에 담긴 돌을 꺼내게 한 뒤 화상이 어떻게 낫는지로 사건을 판단했습니다. 일본에도 그와 매우 흡사한 신명재판 방법이 있었습니다. 어떤 혐의를 받는 자가 있으면 끓는 물 속에 손을 넣게 한 뒤 화상 여부로 진위

독일의 신명재판. 새빨갛게 달군 철을 쥐게 해 화상을 입지 않으면 무죄라고 판단했다. 사진: 위키디피아

를 가리는 구가타치盟神探湯라든지, 빨갛게 가열한 철편을 손에 쥐게 해서 화상을 입은 사람을 죄인으로 판단하는 히기쇼火起請 등이 그것입니다.

당사자를 물에 빠뜨려 어디까지 가라앉는지, 음식을 먹었을 때 목에 걸리지 않고 삼킬 수 있는지 등을 지켜보는 방법도 있었다고 합니다. 또 함무라비 법전을 보면 주술을 행한 죄나 부정을 저지른 죄가 의심되는 자는 강에 뛰어들게 한 다음, 생존 여부로 결백을 판단하는 규정도 찾아볼 수 있습니다. 유럽에서는 당사자끼리 결투를 벌이게 해 이긴 쪽이 옳다고 결정하는 단순한 방법을 사용하기도 했습니다.

아무래도 이런 방법은 재판 당사자로서는 당연히 꺼릴 수밖에 없습니다. 가령 부당하게 땅을 빼앗겨서 재판으로 되찾아야 하는 상황에 맞닥뜨렸을 때, 그 과정에서 큰 화상을 입거나 죽을지도 모른다면 열이면 열 모두가 재판을 망설이지 않을까요?

07

결투 찬성파 프랑스인
vs 결투 반대파 영국인

신명재판 중에서 결투라는 방식을 선호한 나라가 프랑스입니다. 프랑스 사람들에게는 명예를 위해 목숨을 거는 것이 드라마틱한 행위로 여겨졌던 모양입니다. 반면 영국에는 애초에 결투 재판 같은 룰이 없었습니다. 그런데 프랑스의 **노르망디 공작**이 영국 왕위를 계승하면서 결투 재판이 영국에도 도입된 것이죠.

난감해진 것은 영국인들이었습니다. 영국인은 비용 대비 효과를 중시하는 성향이 강합니다. 아무리 자신의 소중한 땅을 위해서라고 한들, 어느 한쪽이 목숨을 잃을 수도 있는 대결을 벌인다는 것은 터무니없이 바보 같은 룰이라고 여겼습니다. 그래서 영국인은 결투 재판을 싫어했고 실제로도 거의 시행되지 않았습니다.

결투 재판의 룰은 꽤 상세해서 복장, 무기, 방패 등을 시시콜콜하게 규정했습니다. 승패를 결정하는 기준은 유럽 대륙과 영국이 달랐습니다. 유럽 대륙은 항복을 인정하지 않아 일반적으로 어느 한쪽이 죽을 때까지 싸워야 했지만, 영국에서는 항복을 인정했기에 대개는 화해로 끝났습니다.

노르망디 공작, 윌리엄 1세
파리 센강 하류에 위치한 노르망디 지방을 다스리는 기욤 2세는 1066년 왕위 계승권을 주장하며 잉글랜드를 무력 침공해 잉글랜드 왕 윌리엄 1세를 겸했다. 이때의 영향으로 오늘날 영어에는 프랑스어와 비슷한 단어가 많다.

유럽 대륙과 영국 모두 무기를 몰래 숨겨오는 행동을 금했는데, 어길 시에는 엄중한 처벌이 기다리고 있었습니다. 한 예로 '오거'라는 영국인이 결투 재판에서 상대에게 질 것 같자, 부츠 안에 몰래 숨겨 온 단검을 꺼내 든 일이 있었습니다. 하지만 단검은 바로 압수당했고 오거는 그 자리에서 칼에 찔려 죽었습니다.

결투 재판을 비롯한 신명재판은 지나치게 야만적이라는 이유로 중세 이후 폐지됐습니다. 이후 유럽과 아시아의 재판은 서로 다른 방향으로 흘러갑니다. 유럽에서는 제삼자가 사실인정을 하는 **배심제**라는 방식이 늘어납니다. 이 배심제 방식 역시 마치 게임처럼 규정된 룰이 많았습니다. 당사자 쌍방의 주장이나 증거

배심제

민간인 중에서 선발된 배심원이 재판에서 사실인정을 결정하는 제도. 민간인과 함께 법관도 사실인정에 참여하는 참심제라는 제도도 있다. 일본의 재판원 제도(국민참여재판)는 법관도 함께 사실인정에 관여하는 참심제에 가깝다.

제출 양식과 시기, 사실인정 방법, 판결 방식 등이 세세하게 정해져 있고, 위반 시 당사자에게 어떤 형태로든 불이익이 부과됐습니다.

한편 아시아는 애당초 판결로 결정 짓는 것 자체를 꺼렸기 때문에 중재를 통한 합의를 중요시했습니다. 여기서도 게임과 마찬가지로 경쟁으로 결판 짓기를 좋아하는 유럽, 서로 힘을 합쳐 만들어내기를 좋아하는 아시아의 구도가 있는지도 모르겠습니다.

여담으로 유럽이 재판으로 해결하기를 선호한다는 사실을 보여주는 예로 동물에 대한 재판이 있습니다. 어린이를 죽인 돼지가 재판에 넘겨져 사형을 선고받은 일례도 있습니다. 요즘에 이런 일이 일어났다면 그 자리에서 돼지를 없애 버리면 그만일 텐데 구태여 재판을 연 셈입니다. 작물을 망쳐놓은 쥐나 벌레를 재판에 부쳐 추방한 사례도 다수 있습니다. 이 같은 재판은 사람들의 울분을 풀기 위해 행해진 것이라고도 하지

만, 유럽인들이 울분 해소에까지 재판을 이용했다는 점은 게임으로 결판 내기를 선호하는 유럽인의 성격을 엿볼 수 있는 대목이 아닐까 싶습니다.

08

룰에 의거해 치러진
중세의 전쟁

중세 재판에 결투의 룰 등이 있었듯이, 전쟁에도 암묵적인 룰이 있었습니다. 전쟁의 룰은 그 전쟁의 목적이 무엇인지에 따라 달라졌습니다. 그리고 대부분이 종교적 정의를 명분으로 삼았기에 당사자들이 섬기는 종교에 따라 승패의 기준이 정해져 있었습니다.

예를 들면 중세 유럽은 크리스트교가 지배적이었기에 유럽의 기사들은 크리스트교의 가르침에 따라 '기사도'라는 도덕을 지켰습니다. 마찬가지로 일본에서는 일왕이 도덕 자체였기에, 일본의 무사는 이를 전제로 한 '무사도'라는 도덕을 중요시했습니다.

유럽이나 일본 모두 종교 등 권력의 정점에 있는 사람이 전쟁 룰의 심판자 역할을 했습니다. 가톨릭 교황은 때때로 제 뜻을 거역하는 국왕을 파문했는데, 파문당한 국왕은 전쟁에서 압도적으로 불리한 입장에 놓였습니다. 일본에서도 전투를 유리하게 이끌기 위해 일왕의 추토(무리를 쫓아가서 침) 명령을 이용했습니다.

　종교의 힘이 막강했던 시대에는 전쟁의 룰이 비교적 철저히 지켜졌습니다. 그래서 중세 유럽 전쟁에서는 의외로 사망자가 적었고 전쟁 포로로 잡히더라도 몸값 등을 치르고 풀려나는 경우가 많았습니다. 말을 타고 겨루는 일대일 승부는 어느 지역의 전쟁에서든 볼 수 있는 전쟁 룰이었습니다. 이 일대일 승부는 전투 초반에 이루어지거나, 때에 따라서는 조직 간의 전투를 대신하기도 했습니다. 이는 대규모 살상을 막는 데에도 적지 않은 역할을 했던 것으로 보입니다. 이러한 전쟁 룰은 명문화되어 있지 않지만, 모두가 수긍하는 일종의 불문율과 같았습니다.

　한편 일반 민중은 명문화한 규칙을 통해 전쟁의 참상을 피하기도 했습니다. 예컨대 성곽 도시의 모습을 갖추지 못했던 일본의 촌락은 전쟁이 일어나면 군대가 마을로 쳐들어올 가능성이 컸습니다. 그래서 전쟁 발발 조짐이 보이면 돈을 내고 마을의 안전을 보장받는 식으로 피해를 줄이기도 했습니다.

　하지만 문화적 배경이 서로 다른 세력 간에 전쟁이 벌어졌을 때는 각자가 당연지사라고 여기던 전쟁 룰이 통하지 않았습니다. 몽골이 세운 원나라가 일본을 침략했을 당시 일본의 무사는 일대일 승부로 싸우려고 했지만 몽골 측이 이를 무시하고 공격했다는 일화는 유명합니다.

이 같은 중세 전쟁의 룰은 농경 사회라는 공통된 양식 및 규범이 있고 이를 바탕으로 상대방을 지배하는 것이 정의롭다는 인식이 있었기에 성립될 수 있었습니다.

따라서 농경 사회의 요소가 점차 약화되면서 전쟁의 룰 자체도 사라지게 됩니다.

09

화폐 경제의 발달,
변화의 초석을 다지다

보편성을 중시하는 농경 사회에서 이질적인 요소가 된 것은 화폐였습니다.

화폐 자체는 고대부터 존재해 왔습니다. 하지만 광물 정련 기술의 발달로 화폐 유통량이 큰 폭으로 늘어나면서 화폐는 농작물로 대체되는 부의 축적 수단이 되었고, 세상의 룰이 변화하는 계기가 됩니다.

화폐는 농작물과 달리 균일하고 보관과 운반이 수월해서 거래하기가 매우 편했습니다. 화폐 유통이 늘자 많은 나라에서 농작물 대신 화폐로 세금을 징수했습니다. 그리고 화폐가 사회의 주요 거래 수단이 되자 자연스럽게 '굳이 농업을 고집할 필요가 있을까?' 생각하는 사람이 나오기 시작한 것이죠.

농업이 아닌 돈을 축적해 부강해지려는 나라도 하나둘 생겼습니다.

돈을 벌려면 물건이나 서비스를 팔아야 합니다. 사람들이 필요로 하는 좋은 물건이 있는 나라는 괜찮지만, 그렇지 못한 나라는 어떻게 해서든 팔릴만한 물건을 고안해 내거나 손에 넣을 방법을 궁리해야 했습니다. 그리고 이 과제를 해결하기 위해 '룰 메이킹'을 활용하기 시작합니다.

그러나 보편적 법을 절대적으로 중시한 농업 국가에서 룰의 변화를 전제로 하는 상업 국가로의 전환은 국가 체제뿐 아니라 이념에 이르는 모든 요소가 180도 달라짐을 의미합니다. 당연히 이를 마땅치 않게 여기는 사회 세력과 충돌이 발생할 수밖에 없습니다.

유럽에서는 가톨릭과 프로테스탄트(16세기 종교 개혁 이래 로마 가톨릭에서 분리된 다양한 개신교 분파의 총칭)의 충돌이라는 형태로 나타났습니다. 이른바 종교 개혁이었습니다. 가톨릭 측은 농경 사회 대표, 프로테스탄트 측은 상업 사회를 대표한 셈입니다. 종교 개혁은 독일을 중심으로 유럽 전체를 전쟁의 소용돌이 속으로 밀어 넣으며 30년 전쟁으로 확대되었습니다.

10

베스트팔렌 조약은
'국제 룰'이 아니었다?

1618년에 발발한 30년 전쟁은 1648년 베스트팔렌 조약 체결로 종결되었습니다. 베스트팔렌 조약을 국제법의 시초라고 보는 견해도 있습니다. 하지만 사실 베스트팔렌 조약은 국제 룰로서 만들어진 것이 아닙니다. 어디까지나 전쟁 종식을 위한 합의로서 각국의 영토 등 권리 관계를 확정한 것에 불과했습니다.

30년 전쟁
1618년부터 1648년까지 독일을 중심으로 유럽의 많은 나라가 개입한 전쟁. 프로테스탄트와 가톨릭의 분쟁에 각국의 이해가 얽히면서 대규모 전쟁으로 확대됐다.

이 베스트팔렌 조약이 새로운 룰이 될 수 있었던 이유는, 여기에 참여한 국가가 많았다는 점과 **30년 전쟁**의 성격에서 찾을 수 있습니다. 30년 전쟁은 유럽 대다수 나라가 개입한 전쟁이었기에 베스트팔렌 조약도 이들 국가의 참여 아래 성립됐습니다. 그래서 베스트팔렌 조약의 체결은 유럽 전체의 공통된 인식을 기초로 한 룰 메이킹의 성격을 띠게 된 것이죠.

또 30년 전쟁은 '농업 사회 대 상업 사회'라는 사회 도덕과 규범을 둘러싼 분쟁이기도 했던 만큼 각각의 영토를 인정하는 일은 서로 다른 두 도덕의 존재를 인정하는 것으로 이어졌습니다. 즉 베스트팔렌 조약은 네덜란드나 스위스 등 상업 국가를 인정함으로써 상업적 창의성 또한 인정하게 된 것입니다.

돈벌이를 위해 창의적 발상을 해도 좋다는 사고방식이 도덕적으로 인정받았다는 것은 사회적인 의미가 큽니다. 이전까지 룰은 게임이나 재판, 전쟁 등에서만 통용되었습니다. 그런데 베스트팔렌 조약을 계기로 룰 메이킹이 사회의 구조를 바꾸는 커뮤니케이션 도구로 본격적으로 활용되기 시작한 것입니다. '과거부터 전해 내려온 법이라고 무조건 받아들이기보다 새로운 규칙을 만들어 과제를 해결하는 것이 더 나은 세상을 만든다.' 이러한 사고방식은 사람들의 삶 자체를 크게 변화시켰습니다.

상업 사회를 대표하는 프로테스탄트는 상업적 발전을 위해 룰 메이킹을 적극적으로 이용했습니다. 그렇다고 가톨릭은 룰 메이킹을 계속 거부했느냐 하면 그렇지 않습니다. 양자는 오히려 사커와 럭비처럼 마치 무엇이 더 흥미진진한지 겨루기라도 하듯 룰 메이킹을 펼쳐 나가게 됩니다. 베스트팔렌 조약이 룰 메이킹의 다양성을 인정하는 계기가 된 셈입니다.

통일된 풋볼 규칙을 만드는 것이 몰리의 책략으로 실패하면서 사커와 럭비라는 두 가지 스포츠가 탄생했습니다. 중세까지의 세상은 종교와 도덕이 지배하는 사회였기에 애당초 새로운 룰을 만드는 것 자체를 용인하지 않았습니다. 새로운 룰을 만들려는 움직임은 국가와 종교에 대한 반역으로 간주되었습니다. 실제로 종교 개혁은 가톨릭의 교리(룰)에 대한 반발에서 시작됐습니다. 그 결과 탄생한 프로테스탄트는 가톨릭과 룰의 형식을 놓고 충돌하게 됩니다. 룰을 통일하기 위한 오랜 전쟁은 무승부로 끝났고, 두 가지 룰이 공존하는 사회가 됐습니다.

룰을 통일하면 많은 참여자를 확보할 수 있습니다. 참여자가 많아지면 힘도 강해집니다. 반대로 여러 가지 룰이 공존하다 보면 룰끼리 서로 경쟁하고 보완하면서 더 좋은 룰이 탄생하기도 합니다. 통일된 룰을 따르지 않고 새로운 룰을 창조할 수 있다는 점은 근대사회의 큰 특징이라 할 수 있습니다. 하지만 오늘날에도 새로운 룰을 만드는 데는 큰 저항이 따릅니다. 기존의 룰과 다른 룰을 만들면 때때로 집단에 대한 배신으로 오해받기도 합니다. 아마 여러분 중에도 막연히 회사 내의 룰은 어느 정도 통일되어야 한다고 생각하는 사람이 있지 않을까 합니다.

하지만 새로운 룰을 만드는 일은 결코 배신이나 반역이 아닙니다. 여러 룰이 존재해도 상충하는 부분을 원만히 조절하면 얼마든지 양립할 수 있습니다. 복수의 룰이 있을 때 반드시 어느 한쪽을 선택할 필요도 없습니다. 사커를 좋아하는 사람은 럭비를 하면 안 된다는 법은 없는 것처럼 말이지요. 지금 우리가 살아가는 시대는 룰의 다양성을 인정하고 그때그때 더 좋은 룰을 선택할 수 있는 세상입니다.

요컨대 룰 메이킹의 첫걸음은 새로운 룰을 만들어도 괜찮음을 이해하는 것입니다. 유럽 사람들은 베스트팔렌 조약 이후 새로운 룰을 만들어 경쟁해도 된다는 사실을 깨달았습니다. 이후 유럽 각국은 룰 메이킹 시대를 열어 나가는 데 앞장서게 됩니다.

1872년 세계 최초의 국가대표 축구 경기
스코틀랜드 vs 잉글랜드.

사진: 위키디피아

Isaac Newton
(1642-1727)

기대와 안전감

: 버블 붕괴로 알아보는 신용 룰

"사람들이 혼란스러워 할수록 좋아.
우리가 뭘 하는지 알려줄 필요가 없어."

18세기 영국 남해회사의 사장 존 블런트는 입버릇처럼 늘 이렇게 말했다.
그는 회사 주가를 올리는 데 혈안이 되어 정작 회사 사업은 뒷전이었다.
남해회사 관계자들은 주가를 올리려고 날조한 소문을 여기저기 퍼트리며
다녔고 소문을 그대로 믿는 사람들 때문에 주가는 천정부지로 치솟았다.
남해회사 주가는 5개월 동안 10배 이상 뛰었다.

오른 것은 남해회사 주식만이 아니었다. 동인도회사를 비롯한 다른 특허
회사 주가도 덩달아 뛰었다. 여기에 이들 회사를 모방한 수상쩍은 회사까
지 대거 등장했다. 존 블런트에게 이들 회사는 골치 아픈 방해꾼에 불과했
다. 괜한 회사만 늘어나면 남해회사에 들어와야 할 투자금이 분산될 뿐이
었으니까. 블런트는 영국 의회를 움직여 방해꾼들을 제거할 대책을 세우
기 시작했다.

어떤 꽃이 필지도 모른 채
천정부지로 값이 치솟은 튤립 알뿌리

베스트팔렌 조약을 통해 스페인으로부터 독립한 네덜란드는 국토의 상당 부분이 저습지로 이루어진 탓에 농업이 부진했고 발전이 더뎠습니다. 그러던 중 간척 사업으로 토지를 정비하고 교역이 활성화되면서 급성장했습니다.

본디 저습지여서 사람이 살기 척박한 지역이었으나 토지를 정비해 상업 중심지가 된 비슷한 사례로 베네치아나 도쿄, 오사카 등을 꼽을 수 있습니다. 이들은 간척과 매립 사업을 시행함으로써 선박 출입이 편리한 항만 도시로 도약할 수 있었습니다.

네덜란드의 수도 암스테르담에는 1602년 증권거래소가 개설되었는데, 고급품부터 증권에 이르기까지 다양한 물품이

암스테르담 증권거래소
세계에서 가장 오래된 증권
거래소. 1602년에 네덜란드
동인도회사 주식 거래를 위해
설립되었다. 현존하는 옛 증
권거래소 건물은 18세기에
지어졌다.

활발하게 거래되었습니다. 그리고 이 **암스테르담 증권거래소**가 문을 열고 얼마 되지 않았을 때 인기 상품이 하나가 등장했는데, 그게 바로 튤립입니다.

튤립이라고 하면 자연스럽게 네덜란드가 연상될 만큼 네덜란드를 대표하는 꽃이지만, 원래는 중앙아시아가 원산지입니다. 오스만 제국에서 야생 품종을 관상용 식물로 개량 재배한 꽃이 튤립입니다. 튤립Tulip이라는 이름도 옛 오스만 제국의 사람들이 머리에 둘렀던 수건인 터번Turban에서 유래한 것이지요.

튤립은 16세기 중반 오스만 제국에서 유럽으로 전해졌습니다. 이미 품종을 개량해 관상용으로 정착한 튤립은 유럽에서 다시 한번 개량되면서 품종이 한층 다양해졌습니다. 이런 과정을 거치며 17세기 초 튤립 알뿌리는 비싼 값에 거래되는 고급품으로 변신했습니다.

암스테르담 증권거래소에서는 가지각색의 상품과 증권이 거래되었는데, 어디까지나 '믿을 수 있는 거래자'가 '믿을 수 있는 상품'을 거래하는 곳이었습니다. 하지만 튤립 알뿌리 거래에는 근본적인 문제가 있었습니다. 알뿌리는 모두 갈색이어서 겉으로 봐서는 이 알뿌리에서 어떤 꽃이 필지 전문가조차 판단하기 힘들다는 점이었습니다.

튤립 재배업자는 품종 개량을 거듭해 새로운 무늬와 색을 띤 품종을 만들어 냈습니다. 선명한 색과 복잡한 무늬의 튤립은 인기가 많았습니다. 그중에서도 특히 줄무늬 품종은 인기가 대단했습니다. 사실 그 줄무늬는 품종 개량의 결과가 아니라 바이러스에 감염돼 생긴 돌연변이였는데 말이지요. 당시 사람들은 바이러스의 존재를 몰랐기 때문에 그저 줄무늬 모양을 가진 품종이라고 생각해 굉장히 비싼 가격에 거래됐습니다. 그러나 바이러스에 감염된 튤립은 생육이 서서히 악화

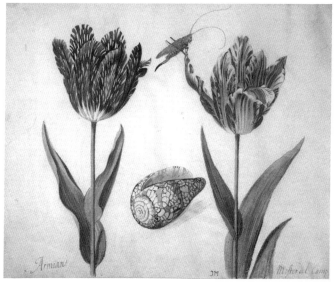

독일 화가 야코프 마렐이 그린 튤립 그림(1639년). 무늬가 특이할수록 가격이 비쌌다. 사진: 위키디피아

했고 심지어 알뿌리 자체가 죽어 버리는 경우도 있었습니다.

알뿌리는 때때로 튤립이 아닌 다른 물건으로 오해받기도 했습니다. 한번은 어느 상인이 비싸게 구입한 튤립 알뿌리를 창고 선반에 올려놓았는데 잠깐 한눈판 사이에 알뿌리를 도둑맞았습니다. 상인은 창고에 있었던 선원을 기억하고 찾아 헤매다가 식사 중인 선원을 발견했습니다. 동인도 제도에서 3년 만에 돌아온 선원은 튤립 광풍 따위 전혀 알지 못했지요. 선원은 창고 선반에 있던 식재료를 양파라고 착각해 먹었는데, 그것이 다름 아닌 튤립 알뿌리였습니다. 화가 난 상인은 선원을 감옥에 보내 버렸다고 합니다.

알뿌리처럼 내용물을 알 수 없는 물건의 거래는 그야말로 골칫거리였습니다. 무엇이 나올지 모르는 상태에서 승부를 거는 행동은 상대를 속이는 포커 게임과 크게 다를 바 없었기 때문입니다. 알뿌리 거래에서는 상대가 나를 작정하고 속였다고 단정하기 어려웠습니다. 상대가 믿을 만한 사람인지 아닌지 확인함으로써 속임수에 넘어갈 위험을 줄일 수는 있었지만, 거래 상대조차 알뿌리에서 어떤 꽃이 나올지 모르는 경우가 태반이라서 이 또한 쉽지 않았습니다.

세계 최초의 버블이 남긴
대혼란

시장과 거래소의 룰은 상업 활동 속에서 아주 오래전부터 자연스럽게 생겨난 것이라고 할 수 있습니다. 시장 거래에서는 '구매하는 자, 스스로 조심하라.'라는 게 룰이었습니다. 구매자는 자기 눈으로 물건을 직접 보고 확인한 후 사야 했습니다.

한편 국가가 설립한 증권거래소는 고급품과 채권을 취급했습니다. 거래되는 상품은 국가가 신용을 보장했습니다. 국가의 신용 보장이라는 증권거래소의 룰은 민간 시장과 달리 안전감을 줬기 때문에 고가 상품이나 실물이 눈에 보이지 않는 채권 거래도 가능했습니다. 따라서 증권거래소에서는 '믿을 수 있는 상품'과 '믿을 수 있는 거래자'가 거래의 기본 전제였습니다.

그런데 튤립 알뿌리는 고가이면서도 위험성이 높은 수상한 상품이었습니다. 그렇기 때문에 암스테르담 증권거래소 내에서의 정식 거래를 허가받지 못하고, 인근 커피하우스 등에서 거래가 이루어졌습니다. 어느 시대나 사람들은 정식으로 거래되는 재미없는 물건보다 암암리에 거래되며 호기심을 자극하는 물건에 끌리기 마련입니다. 세간의 관심은 안전감보다는 기대감 쪽으로 서서히 몰리기 시작했습니다.

튤립 가격은 점점 오르더니 1610년대 들어 급등했습니다. 화가가 그린 튤립 화집은 카탈로그로 사용되었고, 화집 속 아름다운 튤립 그림은 사람들의 기대감을 부추기며 거래에 박차를 가했습니다. 심지어 아직 땅속에 있는 알뿌리를 비싼 값에 파는 사람까지 나타났습니다. 이른바 선물거래와 공매도였습니다.

이런 상황이 벌어지자 네덜란드 정부도 위기감을 느끼고 선물거래 금지령을 여러 차례 선포했습니다. 그런데도 선물거래를 비롯한 튤립 거래는 한층 과열될 뿐이었습니다. 특히 희소성이 높은 품종은 한 그루에 4,000~5,000길더에 거래되기도 했습니다. 당시 1길더는 현재 화폐 가치로 따지면 약 수만 원에서 십여 만 원 정도이므로 튤립 알뿌리 1개가 수억 원에 거래된 셈입니다.

그러나 알다시피 광풍은 오래가지 못했습니다. 튤립 시세는

1637년에 최고점을 찍었습니다. 그해 2월 3일에도 평소처럼 거래가 시작됐습니다. 입찰이 시작되자 알뿌리는 1,250길더로 적정 가격에서 출발했습니다. 평소라면 여러 명이 입찰에 참여했을 텐데 이날은 손을 드는 사람은 아무도 없었습니다. 판매자가 가격을 낮춰 재개했지만 아무도 사겠다는 사람이 없었고, 결국 이날 거래는 단 한 건도 성사되지 않았습니다.

공황은 이삼일 만에 네덜란드 전역으로 확산되어 알뿌리 값을 전혀 매길 수 없는 상황이 됐습니다. 이 시점에서 튤립 거래는 이미 복잡하고 다양한 양상으로 진행되고 있었습니다. 미납금이 남은 계약도 다수 존재했습니다. 이들 거래가 이행되지 않으면 연쇄적으로 채무불이행이 발생해 신용이 한꺼번에 붕괴할 수 있는 위기일발의 상황이었습니다.

네덜란드 각 도시의 의회는 이러한 사태 속에서 어떤 대책을 마련해야 할지 몰라 우왕좌왕했습니다. 일단 알뿌리 거래에 대한 잃어버린 신뢰를 어떻게 회복할지, 그러려면 어떤 규정을 만들어야 할지 논의가 이뤄졌습니다. 대량의 미수금을 떠안게 된 네덜란드 전역의 튤립 재배 농가들은 대폭락 며칠 후 암스테르담에 모여 해결 방안을 협의했습니다. 특히 가격이 급등한 1636년 12월 이후의 거래가 문제였습니다. 협의 결과 12월 이후의 거래는 계약금의 10%에 해당하는 위약금을 지불하면 취소할 수 있도록 결의했습니다. 그러나 재배업자 측이 타협안을 제시해도 거래업자 대다수는 계약금의 10%조차 지불할 능력이 없었습니다.

대규모의 분쟁을 떠안은 네덜란드 각 도시 의회는 이 신용 불안 사태를 해결할 방법을 모색하고자 동분서주로 애썼지만 좀처럼 출구를 찾지 못했습니다. 어떤 도시는 처음에는 10월 이후의 모든 거래를 무효로 한다는 법령을 발표했다가, 다시 한 달 뒤에는 이 법령을 철회하고 거래가 유효하다고 번복했습니다. 그러나 또다시 일주일 후에 이 문제를 상위 주 의회로 위임해 버렸습니다.

이 같은 혼란이 벌어지자 거래업자들은 하나부터 열까지 의심하기 시작했습니다. 이번 사태가 비밀결사조직이 꾸민 일이라고 주장하는 이도 있었습니다. 문제를 통째로 떠안게 된 주 의회는 철저한 조사가 이루어질 때까지 당분간 알뿌리 관련 계약을 보류한다고 공표했습니다. 말이 일시 보류지, 의회가 본건의 해결에 관여하지 않겠다는 뜻이나 다름없었습니다.

계약의 처리를 당사자 간에 해결하라고 의회가 손을 떼면서 사태 해결에 오랜 시간이 필요하게 됐습니다. 네덜란드는 상업 국가로서 성공 가도를 달리고 있었지만, 거품 붕괴라는 신용 위기에 대처하기 위해 어떤 규정을 마련해야 할지는 전혀 알지 못했던 것이죠.

03

대부 이자를 금지한
기독교와 이슬람교

돈을 버는 방법은 튤립 거래처럼 상품이나 서비스를 제공하고 대금을 받는 것이 일반적이지만, 돈을 빌려주고 이자를 받는 방법도 오래전부터 행해져 왔습니다. 대부업이라는 불리는 업종은 고대부터 존재했는데, 함무라비 법전에도 돈을 빌리고 빌려주는 거래에 관한 규정이 있습니다.

대부업자라는 직업은 예부터 사람들의 미움을 받았던 듯합니다. 셰익스피어의 희극《베니스의 상인》에 등장하는 대부업자 샤일록 등이 전형적인 예입니다. 농경 사회에서 대부업자는 사회 질서를 어지럽히는 존재였습니다. 그래서 기독교나 유대교, 이슬람교 등 많은 종교에서는 이자를 받는 행위 자체를 금지했습니다. 여기서 재미있는 사실은 이자를 금지한 주체가 법이 아니라 종교였다는 점입니다. 교리로 금지한다는 사실은 법으로 금지하는 것보다 그 의미가 더 무겁습니다. 그러나 현실에서는 대부업이 존재했습니다. 이탈리아의 메디치 가문이나 독일의 푸거 가문 등 금융업을 해오던 부호들은 귀족과 교회를 상대로 대부업을 운영했습니다.

16세기경부터 은 채굴이 활발해지면서 전 세계에 은화가 넘쳤고, 세계 각국은 화폐를 중심으로 움직이게 됩니다. 우선 가장 큰 변화가 나타난 것은 전쟁이었습니다. 과거에는 농민을 동원해 군대를 조직하곤 했지만, 이제는 돈으로 고용하는 용병이 늘어났습니다. 그러다 보니 전쟁에 막대한 돈이 들어가게 되었습니다. 돈을 빌려주는 입장에서도 전쟁 자금은 일종의 도박이었기에 담보가 필요했습니다. 귀족들은 자신들의 영지 징세권을 담보로 걸기도 했습니다.

메디치 가문과 푸거 가문 전성기에는 이자를 받는 행위에 대한 기독교의 금지령이 그리 엄격하지 않아서 여러 가지 꼼수를 써 가며 돈을 빌려 줬다고 합니다. 그러나 17세기에 접어들면서 특히 가톨릭교가 이자를 받는 행위를 엄격히 금지하기 시작했습니다. 물론 금지한다고 해도 돈을 빌려야 하는 사정은 있기 마련이고 방법은 어떻게든 생깁니다. 기독교인들은 유대인에게는 빌려도 좋다는 룰을 만들어 냈습니다. 유대교역시 이자 받는 것을 금하고 있었지만, 다른 종교 신도에게는 빌려줘도 된다고 허락했습니다. 유대 금융이 발달하기 시작한 것이 바로 이때부터입니다. 대표적인 유대계 금융업자로는 미국의 로스차일드 가문 등이 있습니다.

귀족을 상대로 한 대출이 활발하게 이루어지자 이를 중개하는 사람들이 생겨났고, 중개 및 매매가 일상화되자 전문적으로 취급하는 시장이 필요해졌습니다. 그 결과 17세기경부터 프로테스탄트계의 각국 증권거래소에서 이러한 공채 거래가 이루어지게 됩니다.

04

네덜란드와 영국이 시작한
새로운 게임

돈으로 돈을 버는 방법에는 대부업 외에 또 다른 방법이 있습니다. 바로 '출자(사업 시행을 위해 자금을 내는 행위)'입니다. 출자는 투자한 사업이 성공하면 큰 이익을 봅니다.

출자라는 방법 자체는 오래전부터 해상 무역을 중심으로 존재해 왔습니다. 유럽의 지중해 무역이 그 예입니다. 지중해는 대륙으로 둘러싸인 거대한 내해입니다. 해류가 잔잔하고 기후도 온화해 예부터 해상 무역이 발달했습니다. 그러나 바다가 아무리 온화한들 해상 무역에는 위험이 따르기 마련입니다. 그뿐 아니라 선박 건조에도 막대한 비용이 들지요. 그래서 중세 유럽에서는 해상 무역을 위해 복수의 출자자가 계약을 맺고 출자하는 조합이 많이 결성됐습니다. 계약 형태는 다양했는데, 무역에 성공하면 출자자는 고정 이자가 아닌 막대한 이익을 배분받았습니다. 이 점이 금전 대차와 달랐지요.

지중해 무역에서는 12세기 이후 이탈리아를 중심으로 각 도시에서 이러한 형태의 거래가 이루어졌습니다. 그리고 14세기 이후는 한자 동맹(독일의 여러 도시가 상업상의 목적으로 맺은 도시 동맹)과 네덜란드 등에서 북해 무역을 위한 출자가 활발히 이루어졌습니다.

그리고 이즈음 해상 무역에는 또 하나의 커다란 움직임이 있었습니다. 15세기 중반부터 시작된 대항해 시대의 개막, 즉 포르투갈과 스페인의 신항로 개척입니다. 이 흐름에 편승하려는 다른 나라도 있었지요. 바로 네덜란드와 영국입니다. 두 나라는 포르투갈과 스페인이 진출해 있던 아시아와의 무역을 계획하고 있었습니다.

당연한 이야기지만 여기에 드는 비용은 지금껏 해상 무역에 쏟았던 돈과는 비교가 되지 않았습니다. 더구나 아시아는 이미 포르투갈과 스페인이 확고한 기반을 구축한 상태였습니다. 네덜란드와 영국이 지리적으로 멀리 떨어진 아시아와의 무역에 새로운 플레이어로 뛰어들기 위해서는 상당한 규모를 가진 선단을 구성해야 했습니다. 문제는 두 나라 모두 그 정도 비용을 댈 능력이 없었다는 거죠. 그래서 양국 정부는 한 가지 룰을 궁리해 냅니다.

"국가 차원의 출자는 불가능하다. 단, 돈을 내면 아시아 무역을 독점할 수 있는 권리를 인정해 줄 것이다. 그러니 출자금을 모아 돈을 벌어보라."

뭔가 그럴싸하게 들리지만, 사실 나라 밖 어딘가에 있는 다른 지역과의 무역에 독점권 따위는 애당초 존재하지 않았습니다. 아무 규제 없이 누구나 자유롭게 거래할 수도 있었던 거죠. 이렇게 아무것도 없었던 곳에 갑자기 등장한 독점권이라는 룰은, 농작물을 대신해 돈이 모든 것을 좌우하는 시대에서 막강한 힘을 발휘하게 됩니다.

1장에서 언급한 게임 룰로 말하자면 '돈을 내면(조건), 무역 독점권을 준다(결과).'라는 매우 단순한 룰입니다. 그런데 이 단순한 룰이 새로운 게임의 문을 열어젖혔습니다. 이 게임의 이름이 바로 '동인도회사'입니다.

05

동인도회사의 독점권은
정부의 '공수표'였다

돈을 내면 독점권을 주는 제도 자체는 당시에 이미 있었습니다. 상인이나 수공업자들이 결성한 이익 단체(동업 조합)인 길드Guild 등은 다른 추가 조건이 붙긴 했지만, 사업의 독점권을 가진다는 의미에서는 성격이 같습니다. 차이점이 있다면 누구나 사업을 할 수 있는 곳에 독점권을 주었는가, 아니면 일반적으로는 도저히 실행하기 힘든 사업에 독점권을 주었는가의 차이입니다.

아시아 무역은 정말 큰돈이 필요한 사업이기에 상인들의 힘만으로는 도저히 자금을 모을 수 없습니다. 그런데 여기에 독점권이라는 국가의 보증이 더해짐으로써 신용을 얻게 된 것입니다. '국가가 부여한 신용으로 거액의 자금을 모은다.' 이것이

이 룰의 핵심이었습니다.

　다만 국가가 부여한 신용이라고는 해도, 당시 영국과 네덜란드는 아시아 그 어느 곳에도 지배권을 가지고 있지는 않았습니다. 지배는커녕 영국은 아시아와 제대로 거래해 본 적도 없었습니다. 두 정부의 신용은 이행 능력이 없는 공수표와 다름없었던 거죠.

　물론 영국과 네덜란드의 말이 전부 거짓은 아니었습니다. 양국은 아시아 무역을 허가했을 뿐 성공을 보증하지는 않았기 때문입니다. 동인도회사는 멀리 떨어진 나라와 무역을 하

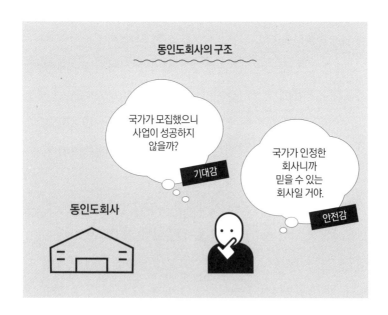

기 위한 면허증 같은 것이었습니다. 동인도회사의 독점권은 이처럼 다의적이었습니다. 이 미묘하게 과장된 면허증이 붙은 회사 설립 인가는 동인도회사에 절대적인 신용을 부여했습니다.

증권거래소는 '믿을 수 있는 거래자'와 '믿을 수 있는 상품'으로 이루어진 거래라는 국가의 보증을 통해 사람들에게 안전감을 줬습니다. 동인도회사는 이 같은 안전감과 함께 '국가가 보증하는 사업이니 잘 될 수밖에 없잖아.' 하는 기대감도 동시에 불어넣었습니다.

영국과 네덜란드는 거의 같은 시기에 동인도회사의 특허장을 발급했는데 내용은 조금 달랐습니다. 네덜란드는 동인도회사의 인가와 함께 앞에서 언급한 암스테르담 증권거래소를 설립해 동인도회사 주식을 거래하기 시작했습니다. 튤립 알뿌리는 내용물을 모른 채 이루어지는 수상한 거래였지만, 동인도회사의 주식은 국가가 인정한 상품이었기에 당당히 거래되었습니다. 한편 영국에도 왕립거래소라는 곳이 있었습니다. 하지만 동인도회사의 주식 거래는 허용되지 않았고, 튤립 알뿌리처럼 인근의 커피하우스 등에서 거래가 이루어졌습니다.

이 차이는 당시 두 나라의 입장 차이에서 기인한 것으로 보입니다. 네덜란드는 고부가가치 상품을 생산하는 상업 도시로 성공한 덕분에 재정이 풍부했습니다. 동인도회사의 특허 수수료도 그대로 주식에 투자했습니다. 반면 영국은 농산물도 풍족하지 않았고 산업이라고 해봐야 농지에 울타리를 치고 양을 키워 네덜란드에 양털을 수출하는 정도가 전부였습니다. 특허도 한 번의 항해로 제한해 인가하는 등 까다로운 기준을 고수했습니다. 영국 왕실은 특허 수수료에만 관심이 있을 뿐 동인도회사 주식 거래에는 별 관심이 없었던 듯합니다.

전폭적으로 동인도회사를 지원한 네덜란드와 수수료 말고는 큰 관심이 없었던 영국. 이것만 보면 성공하는 쪽은 네덜란드이지 않을까 싶습니다. 그러나 초반에는 네덜란드가 앞서나가는가 싶더니, 18세기 접어들면서 영국이 우위를 점하고 대영제국을 건설해 나갑니다. 그렇게 된 이유는 여러 가지가 있겠지만, 영국은 매번 회사를 청산시킴으로써 회계 공정성을 확보해 나간 점이 일조했다고 볼 수 있습니다.

06

남해회사 버블의
배후 조종자들

우리는 튤립 버블 사건을 통해서 시장은 광풍이라 불릴 만큼 과열될 때가 무섭다는 사실을 배웠습니다. 이 버블의 공포를 네덜란드 다음으로 성공한 영국이 겪게 됩니다.

영국에서는 동인도회사의 성공을 목격한 이들이 특허회사를 모방한 '유사 특허회사'를 설립하려는 움직임이 우후죽순으로 일었습니다. 동인도회사는 국가가 인정한 독점권을 가지고 있었기에 어느 정도 신용이 보증된 회사였습니다. 반면 민간에서 임의로 설립한 모방 회사는 보기에만 비슷할 뿐 국가가 신용을 보증한다는 근거가 없었습니다. 그런데도 이 같은 회사가 다수 출현했고, 동인도회사를 비롯한 정식 특허회사의 주식과 함께 증권거래소 인근의 술집이나 커피하우스에서 거래됐습니다.

이렇게 특허회사와 모방 회사의 주식 거래가 활발해지자 사람들 사이에서 몇 가지 공통된 인식이 싹텄습니다.

'독점권이 있는 회사니까 국가처럼 독립된 존재다.'

'독점권이 있는 회사의 주식은 국채처럼 자유롭게 거래해도 괜찮다.'

'만일 도산하더라도 출자자가 책임지는 일은 없을 것이다.'

이러한 공통된 인식은 이후 주식회사 제도의 밑바탕이 됐습니다. 처음에는 주로 발을 사용하는 게임이라 여겨졌던 풋볼에서 '발만 사용'하는 게임이라는 공통 인식이 생겨났고, 이후 손을 일절 쓰지 않는다는 룰이 만들어져 사커로 발전하게 된 과정과 비슷하다고 할 수 있습니다.

이렇게 해서 회사의 주식 거래 열풍이 영국에서 불기 시작했습니다. 그리고 마침내 '거품(버블) 경제'의 어원이 되기도 한 남해 거품South Sea Bubble 사건이 일어납니다. 게다가 이 거품에는 영국 정부도 가담했습니다.

영국 정부는 18세기 초 계속된 전쟁 탓에 재정이 악화한 상태였습니다. 이 무렵의 전쟁은 용병을 고용해서 치뤄졌기에 많은 돈이 들 수밖에 없었습니다. 영국 정부는 재정난 해소를 위해 특허회사를 이용했습니다. 남해회사라고 명명된 이 특허회사는 1711년 설립되어 스페인령 남미 식민지의 노예무역을 독점할 수 있는 권한을 부여받았습니다. 독점권을 받은 무역 자체는 실상 잘 되지 않았지만, 영국 정부의 막대한 부채를 정리하기 위한 방편으로 고려되었습니다.

영국 정부는 국채 보유자에게 이자와 원금을 지급해야 합니다. 그런데 국채 보유자가 영국 정부가 다루기 편한 상대로 바뀐다면 부실 채권에 대한 부담을 묻어둘 수 있었습니다. 남해회사는 국채를 매입함으로써 그 '다루기 편한 상대'가 되기를 자처했습니다. 실제로 동인도회사 등의 특허회사도 국채 일부를 보유하고 있었습니다.

국채를 매입하려면 대가를 치러야 했는데, 남해회사는 현금이 아닌 자사 주식을 양도하고 국채를 매입했습니다. 게다가 양도하는 주식은 시가로 계산하기로 했습니다. 남해회사 주식의 시가가 액면가보다 높으면 남해회사는 국채를 싸게 살 수 있고, 그 차액으로 주식을 발행해 자금을 모으는 것도 가능했습니다. 그러면 남해회사의 보유 현금이 늘어나므로 주가도 오릅니다. 국채를 판 쪽도 주가가 오르면 이득입니다.

남해회사, 영국 정부, 국채를 판 주주 모두가 이익인 시스템이 갖춰진 듯이 보였습니다. 이 계획을 고안한 장본인이 바로 남해회사 경영을 총괄한 존 블런트입니다. 구둣가게 아들로 태어나 공증인이었던 블런트는 국회의 의원들에게 뇌물을 뿌려가며 이 계획의 뒤를 봐 줄 것을 부탁했습니다.

07

버블 붕괴,
회사의 룰을 무너뜨리다

1719년 남해회사의 국채 매입이 시작되자 주가는 천정부지로 치솟기 시작했습니다.

　과거 일본에서도 IT 버블 때 비슷한 머니 게임(주식 투자를 최대한의 이익을 추구하기 위한 일종의 게임으로 보는 것)이 벌어진 적이 있습니다. 2000년대 초반에 일어난 '라이브도어 쇼크'가 대표적인 예입니다. 일본 굴지의 신흥 IT 기업이었던 라이브도어는 주식 교환 수법을 이용해 기업을 차례차례 인수했습니다. 높은 주가를 활용해 상대 회사 주식을 자사 주식으로 사들이는 방식이었는데 기업 인수가 호재로 작용해 또다시 주가가 오르는 식의 흐름이 반복됐습니다. 당시 라이브도어의 지상 과제는 오로지 주가 상승이었습니다. 그러다 결국 증권거래법 위반으로 임원이 구속되는 사태까지 벌어졌습니다.

마찬가지로 남해회사 주가도 상승 가도를 달렸지만 역시 한계에 부딪혔습니다. 남해회사의 주가가 치솟는 모습을 보고 영국에서는 특허회사를 모방한 민간 회사가 속속 출현했습니다. 자사 주식을 대가로 국채를 매입하는 게 전부라서 특별한 자본금도 필요 없었습니다. 누구라도 회사를 세울 수 있었던 것이죠.

남해회사는 이런 상황이 달갑지 않았습니다. 블런트는 의회에 압력을 넣어 특허 없이는 회사를 설립하지 못하게 하는 법안을 통과시켰습니다. 부글부글 거품처럼 불어나는 알맹이 없는 회사를 규제한다는 의미에서 해당 법안을 버블법Bubble Act이라 불렀습니다. 버블법은 1720년 6월 24일에 제정됐습니다. 그런데 이날 남해회사의 버블도 마침내 터지고 말았습니다. 액면가 100파운드보다 10배 이상 비싼 1,050파운드까지 올랐던 남해회사의 주가는 이날을 기점으로 급락하기 시작했습니다.

블런트와 그의 일행이 버블법 제정을 추진한 이유는 시장의 돈을 남해회사로 집중시키기 위함이었습니다. 그러나 실제로는 시장 한계치까지 부풀어 올라 있던 신용을 순식간에 꺼뜨린 결과를 낳은 것이죠. 남해회사에 투자했던 사람들은 특허회사를 모방한 민간 회사에도 중복 투자하고 있었습니다.

투자자들은 모방 회사와의 거래가 금지되면서 입은 손해를 메우기 위해 남해회사 주식을 팔 수밖에 없었습니다. 이런 식으로 갑자기 수축한 신용은 다시 회복하지 못하고 소멸해 버렸습니다.

버블 붕괴로 수많은 사람이 파산하거나 스스로 목숨을 끊었습니다. 만유인력의 법칙을 발견한 천재 과학자 아이작 뉴턴조차 남해회사 주식으로 2만 파운드의 손실을 입었습니다. 물리 법칙을 꿰뚫어 봤던 뉴턴에게도 신용 룰은 이해하기 힘든 영역이었던 모양입니다.

사람들은 동인도회사를 통해 회사 제도가 시장의 돈을 모아 사업을 일으키는 데 매우 유용한 시스템이라는 사실을 깨달았습니다. 그러나 동시에 거대한 사기에 이용할 수도 있는 무서운 도구라는 사실도 배웠지요.

남해회사가 특허회사였다는 점을 봐도 특허가 있다고 좋은 회사거나, 반대로 특허가 없다고 나쁜 회사라고 단정할 수 없습니다. 어떤 회사가 신뢰할 수 있는 건실한 회사고 어떤 회사가 부실한 회사인지 구별해야 함은 알았지만, 어떤 룰에 근거해 판별해야 할지는 몰랐던 거죠.

이렇게 해서 영국은 버블 붕괴 후 한동안 특허회사 이외의 회사 설립을 금지했습니다.

08

'돈을 모으는 기계'에
기대를 건 미국

영국의 산업혁명은 18세기 후반에 시작됐습니다. 당시는 아직 버블법이 유효했던 때라서 사업을 하려는 사람은 지인끼리 조합을 만들어 사업 자금을 조달해야 했습니다. 특허회사처럼 커피하우스 등에서 주식을 사고팔 수도 없었습니다.

영국 산업혁명 초창기는 섬유·의류 관련 제조업이 주요 산업이었기에 공장 설립에 그리 큰돈이 필요하지 않았습니다. 지인 중에 부자가 있어서 그로부터 출자를 받으면 그럭저럭 충족되는 규모였습니다. 그러나 19세기 초부터 철도가 실용화되기 시작하자 상황이 일변했습니다. 철도를 건설하려면 대항해 시대의 해상 무역 때보다 훨씬 큰 자금이 필요합니다. 더구나 한 번의 항해로 막대한 이익을 거두던 해상 무역과 달리 철도는 매일매일 운임을 차곡차곡 축적해 장기간에 걸쳐 투자를 회수해야 합니다. 이를 위해서는 특허회사를 보다 건실하게 업그레이드할 필요가 있었습니다.

상황이 이렇게 되자 영국을 비롯한 유럽 각국과 미국에서 주식회사 제도에 대해 진지하게 검토할 필요가 있다는 목소리가 나오기 시작했습니다. 이때 떠오른 화두가 '주식회사 설립에 국가의 인가가 필요한가'와 '주주의 책임은 무한한가' 하는 두 가지 문제였습니다. 영국과 유럽인들에게 남해회사 버블 사태는 충격이었습니다. '주식회사라는 모금 기계를 인가 없이 설립하도록 놔두면 위험하지 않을까?' 하는 우려가 여전히 뿌리 깊게 자리 잡고 있었습니다.

주식회사가 출자금을 모으는 기계가 되기 위해서는 주주가 회사에 대한 책임을 지지 않는다는 점을 확실히 하는 것도 중요했습니다. 앞서 특허회사가 설립되면서 사회 전반에 주주는 회사 자체의 부채에 대한 책임을 지지 않는 것이 보편적인 인식이 되었음을 살펴본 바 있습니다. '국가의 특허로 설립된 회사니까 주식을 산 사람은 주식 가치가 제로가 될지 안 될지만 책임지면 돼.' 무심결에 이처럼 생각하는 사람이 많았던 듯합니다. 실제로 남해회사가 파산했을 때도 주주들은 그에 대한 책임을 지지 않았습니다. 이 유한 책임이 명확해짐으로써 주식 매매가 자유로워지고 거액의 돈도 모아지게 되었습니다.

특허라는 시스템 덕분에 순조롭게 진행된 주식회사 제도도 일반에 개방하는 문제는 쉬워 보이지 않았습니다. 그런데 이 장벽을 간단히 뛰어넘은 나라가 신흥국 미국입니다. 미국은 이제 막 독립한 나라인 만큼 산업 발전이 매우 중요한 과제였습니다. 여러 주州의 연합체인 미 합중국은 상당한 권한이 각 주에 귀속되어 있었습니다.

그런 가운데 가장 먼저 뉴욕주가 제조업에 한해 자유롭게 주식회사를 설립해도 좋다는 법을 제정합니다. 이어서 다른 주도 자유로운 주식회사 설립을 허가하는 법을 제정하기 시작했습니다. 다행히 아직 미국에는 머니 게임이 성행하지 않았기에 그로 인한 큰 혼란은 발생하지 않았습니다.

다음으로 움직인 나라는 영국이었습니다. 영국은 1825년에 버블법을 폐지했습니다. 그리고 어떻게 하면 남해회사 같이 신용할 수 없는 회사의 설립을 막을 수 있을지 특별위원회를 조직해 검토하게 했습니다. 그 결과를 정리한 보고서에 따르면, 버블 회사는 ① 사업 계획에 문제가 있고 ② 조직 구조에 문제가 있으며 ③ 목적에 사기성이 있다고 분석했습니다. 그리고 ①을 방지하기는 불가능하나, ②나 ③은 공개 제도를 정비하면 어느 정도 막을 수 있다고 결론 내렸습니다.

기대감과 안전감이라는 관점에서 신용 룰을 보면 ①의 사업 계획은 기대감에 관한 것이고 ②와 ③은 안전감에 관한 것입니다. 즉 공개를 통해 안전감을 담보하고, 기대감에 대해서는 각자가 위험 부담(리스크)을 안고 거래하도록 한 것입니다.

이 보고서에 근거해 영국은 1844년 공개 제도를 전제로 회사의 자유로운 설립을 허용했습니다. 나아가 1855년에는 주주 유한 책임도 인정했습니다. 이러한 흐름을 타고 프랑스나 독일 등 유럽 각국도 영국을 모방해 주식회사 제도를 정비해 나갑니다.

스포츠 룰의 변천 ②
파라미터를 조정한 야구 룰

야구 규칙은 온통 숫자로 가득합니다. 투수의 투구는 스트라이크와 볼로 카운트하는데, 스트라이크 3개면 1아웃이 되고 3아웃이면 공격과 수비가 교체됩니다. 한편 볼이 4개면 타자는 출루할 수 있습니다. 양 팀의 공격과 수비가 끝나면 1이닝이 종료되고, 총 9이닝을 마치면 경기가 종료됩니다.

이렇게 숫자로 룰을 만드는 법은 PC 게임을 만드는 법과 비슷해 보입니다. 일본의 드래곤퀘스트 같은 롤플레잉 게임이나 시뮬레이션 게임에서는 각 캐릭터의 공격력과 체력HP, Hit Point이 수치로 정해져 있습니다. 이러한 수치를 파라미터(변수)라고 하는데, 게임 개발에서는 이 파라미터 조정이 중요합니다.

야구는 선수의 기술 향상과 경기 환경의 영향을 고려해 룰이 여러 차례 변경되었습니다. 그리고 이 룰의 변경도 마치 게임의 파라미터 조정처럼 이루어졌습니다.

원래 야구는 이닝제가 아니라 21점이나 100점 등의 선취제였습니다. 선취 득점제는 타자가 공을 계속 치는 것을 전제로 하며, 투수의 존재 이유는 타자에게 공을 던져주기 위함이었습니다. 야구의 목적이 그저 친목일 때는 선취제가 별문제가 없었습니다. 그러나 정식 경기로서 승패에 집착하게 되자 투수도 구위에 전력을 다하게 되었고, 점수 내기가 쉽지 않게 되었습니다. 100점 선취 득점 방식으로 열린 어느 게임에서는 시합 종료까지 101이닝, 하루 반이 걸린 적도 있었다고 합니다. 그 결과 경기 시간을 예측할 수 있는 이닝제가 도입되었고 9이닝이 주류가 됐습니다.

볼의 개수도 예전에는 9볼까지 인정했습니다. 그러나 투수가 타자를 잡기 위한 전략으로 볼을 많이 쓰게 되었고, 그 결과 볼 수도 점점 줄어 오늘날의 4볼로 확정되었습니다.

이러한 파라미터 조정이 이루어지는 한편, 야구의 정신 때문에 변경한 룰이 있는데 바로 역주행 도루입니다. 야구는 보통 1루에서 2루, 2루에서 3루로 가서 홈에 들어가는 것이 목표이므로 도루도 같은 방향으로 합니다. 초기의 야구 룰에서는 이것이 너무도 당연했기 때문에 2루에서 1루로 가는 역주행 도루를 굳이 규칙으로 금지할 필요가 없었습니다.

　그러나 주자가 2·3루에 있는 것보다 1·3루에 있는 편이 전략적으로 공격에 유리하고, 역주행을 해서라도 도루왕이 되고 싶어 하는 선수들 때문에 역주행 도루가 늘어나게 됩니다. 그러다 결국 역주행 전략은 야구 본연의 정신에 맞지 않는다는 의견이 제기되었고 역주행 도루를 규칙으로 금지하게 된 것이죠.

09

월스트리트 주가 대폭락은
왜 일어났을까

신흥국인 미국은 남북전쟁이 끝난 1860년부터 본격적인 산업 혁명이 시작되었고, 1900년까지 공업 생산을 급격히 늘리며 세계 제일의 공업국으로 성장합니다.

이 같은 성장세 속에서 미국의 증권 시장은 여타의 나라와 다른 양상을 보이게 됩니다. 다른 나라는 전적으로 공채 같은 안전한 증권이 중심이었던 데 반해, 미국은 일반 회사 주식의 상장 비율이 높았습니다. 공채보다 고위험·고수익인 민간 회사 주식 중에는 거품이 낀 수상한 회사가 있을 수도 있었습니다. 게다가 미국의 증권 거래 시장에서는 시세 조종 세력들이 벌이는 부정 거래가 횡행했습니다. 이들은 이목을 끌도록 주식을 사고 팔거나 거짓 정보를 흘려서 주가를 조작했습니다.

이처럼 남해회사 버블에 버금가는 부정이 횡행하는데도 미국 증권 시장에 충격이 발생하지 않은 이유는 미국의 실물 경제가 그만큼 급성장 중이었기 때문입니다. 물론 증권거래소가 아무일을 하지 않은 것은 아닙니다. 거래할 수 있는 회사를 제한하기 위해 상장 기준을 설정하기도 하고, 상장 기업에 지속적으로 정보 공개를 요구하기도 했습니다. 하지만 당시는 증권거래소가 많아서 거래소 간 경쟁도 심했습니다. 거래소의 규제가 엄격하면 회사는 다른 거래소로 옮겨가 버릴 수 있었기에 거래소 입장에서도 무조건 엄격하게 굴 수만은 없었습니다.

주 정부 차원에서도 증권 발행과 판매를 규제하는 법률을 제정했지만, 우편으로 주 경계를 넘어 이루어지는 거래에 대해서는 실효성이 없었습니다.

미국 연방 대법원의 루이스 브랜다이스Louis D. Brandeis 판사는 1914년 집필한 저서에서 "햇빛은 최선의 살균제다."라는 말로 투명성을 강조했습니다. 정보 공개를 통해 부정을 없앨 수 있다는 말입니다. 시간이 흐르면서 이 같은 인식이 점차 확산되긴 했지만, 연방 정부 차원의 공개 룰 도입으로는 이어지지 못했습니다.

미국의 경제 성장은 20세기에도 쭉 이어져 제1차 세계대전으로 유럽 각국이 날로 황폐해지는 가운데서도 독주를 이어

갔습니다. 1920년대 들어 미국 증권 시장은 그 열기가 더욱 뜨거워졌는데, 예견된 대로 실체와 동떨어진 장세를 보이기 시작했습니다.

마침내 1929년 10월 월스트리트 주가는 대폭락했습니다. 그리고 기다렸다는 듯이 세계 대공황이 발생했습니다. 그 결과 미국뿐 아니라 세계 경제가 1930년대 내내 침체의 늪에 빠지게 됩니다.

'도둑을 잡을 도둑'이
필요했던 이유

미국 의회는 증권거래 규정 자체에 문제가 있음을 통감하고 1932년에 위원회를 조직해 조사에 들어갑니다. 그 결과로 탄생한 증권거래법은 상장 기업에 철저한 공개 의무를 부과했습니다. 또 증권거래소의 자율 규제를 존중하면서도, 이를 감독하는 기관으로 증권거래위원회를 설립했습니다. 게임의 심판을 도입한 것이지요.

참고로 증권거래위원회 초대 위원장으로 존 F. 케네디John F. Kennedy의 아버지인 조지프 P. 케네디Joseph P. Kennedy가 임명되었는데, 그의 취임은 세간의 맹렬한 비난을 받았습니다. 조지프야말로 주식 부정 거래로 막대한 부를 쌓아 올린 장본인이었기 때문입니다. 조지프를 임명한 프랭클린 루스벨트Franklin D.

Roosevelt 대통령은 "도둑을 잡으려면 도둑이 필요하다."라고 변명했습니다. 궁색한 변명이긴 했으나 실제로 조지프는 증권거래 심판원으로서 예상외로 훌륭한 성과를 올렸습니다.

새로운 증권거래법과 함께 도입한 공시 제도에는 상장 시 공시, 정기적 공시 외에 중요 사실이 발생한 때에도 내용을 공개해야 한다는 규정이 있었습니다. 주식을 매매하는 사람들 입장에서는 중요 사실이 발생했을 때 빨리 알고 싶은 게 당연합니다. 그렇다면 중요 사실이 발생했지만 아직 일반에 공개하지 않았을 때 먼저 매매하는 행위는 위법으로 봐야 할까요? 이쯤 되면 마치 축구에서 공을 손으로 잡고 달리는 행동을 금하는 것과 다를 바 없이 당연해 보이기도 하지만, 증권거래법이 제정된 이래 이 **내부자 거래**를 둘러싼 논란은 계속되어 왔습니다.

미국 증권거래법에는 내부자 거래를 명확히 금지하는 규정이 없었습니다. 심판인 증권거래위원회는 사기 규정을 적용해 내부자 거래를 법원에 고발했습니다. 한편, 증권거래소의 자율 규제는 증권거래법보다 엄격하게 중요 사실은 즉시 공개해야 한다는 룰을 정했습니다.

중요 사실을 즉시 공개해야 한다는 룰에 미루어 볼 때, 그 사실을 알

내부자 거래
상장 회사 관계자 등이 자신의 직무나 지위로 인해 알게 된 미공개 중요 사실을 이용해 자사 주식 등을 매매하는 일.

고 있는 사람과 모르는 사람의 차이가 생기는 것은 공평하지 못하다는 생각이 듭니다. 결국 미국 법원은 내부자 거래는 위법이라고 판결했습니다. 세계 증권 시장을 선도하는 미국의 증권 거래 규정이 내부자 거래를 위법이라고 판결하자, 다른 나라도 그 판결에 따르지 않을 수 없었습니다. 결국 대다수 나라가 내부자 거래 규제 방안을 마련하게 되었습니다.

11

아무도 이해할 수 없을 만큼
복잡해진 룰

제2차 세계대전 이후에는 컴퓨터가 보급되면서 표 계산 소프
트웨어를 이용해 복잡한 계산도 쉽게 수치화할 수 있게 됐습
니다. 그로 인해 기업 경영 분석과 기업 가치 평가, 투자 위험
분석 등도 간단해졌습니다.

　그 결과 채권과 주식이라는 투자 상품에 관한 연구가 활발
해졌고 채권과 주식의 중간 형태가 탄생했습니다. 앞서 채권
은 귀족에 대한 대출 등을 중심으로 발전했고, 주식(출자)은
동인도회사를 계기로 크게 발전했다고 설명했습니다. 채권은
일반적으로 고정 금리입니다. 주식은 이익 배당이므로 회사
실적에 따라 배당이 달라지지요. 저위험·저수익인 채권과 고
위험·고수익인 주식, 그의 중간적 성격을 띤 금융 상품이 있

으면 여러 상황에서 활용하기 좋겠다고 생각한 것이죠.

이러한 중간 형태의 금융을 **메자닌 금융**Mezzanine Financing이라고 합니다. 메자닌은 '중간층'을 뜻하는 이탈리아어에서 유래한 말입니다. 백화점 등에서 엘리베이터를 타면 'M2'라고 표기된 버튼을 볼 수 있는데 1층과 2층 사이에 있는 공간을 메자닌이라고 부릅니다. 아파트의 다락방 등도 메자닌입니다.

회사의 대차대조표 우측에는 부채와 자본 항목이 있습니다. 부채(채권)가 위(2층)에 있고 자본(주식)이 아래(1층)에 있습니다. 부채와 자본 사이에서 중간적인 성격을 지닌 금융을 메자닌이라고 부르는 것입니다.

이 메자닌 금융은 매우 유용했습니다. 우선 회사를 인수할 때 메자닌 금융이 이용됐습니다. 회사 인수에는 큰돈이 필요합니다. 자기 자본이 부족하면 은행 등에서 빌리기도 하지만, 은행도 빌려주는 데 한계가 있습니다. 은행 대출로도 돈이 부족할 때 자기 자금과 차입금 사이를 메우는 메자닌 금융을 이용한 것입니다.

> **메자닌 금융**
> 주식을 통한 자금 조달이나 대출이 어려울 때 은행 및 대출기관이 배당우선주, 전환사채 등 주식 관련 권리를 받는 대신 무담보로 자금을 제공하는 금융 기법.

메자닌 금융의 등장으로 자금 여력이 충분하지 않아도 큰 규모의 매수를 시도할 수 있게 됐습니다. 소규모 기업도 거대 기업을 인수할 수 있게 된 것입니다. 적은 자기 자본을 지렛

대 삼아 대규모 매수가 가능하기 때문에 레버리지 바이아웃 Leveraged Buyout, LBO(차입 매수)이라고 부릅니다. LBO 기법은 다양한 용도로 활용됐는데, LBO를 사용해 경영진이 자사주를 매입하는 매니지먼트 바이아웃Management buyout, MBO도 증가했습니다.

메자닌은 LBO 외에도 이용되었습니다. 바로 자산의 증권화입니다. 메자닌을 이용하면 어떤 자산이든 금융 상품의 조합으로 매입할 수 있다는 말은, 무엇이든 금융 상품의 조합으로 분해할 수 있다는 뜻이기도 합니다. 이 각 분해 단위를 증권으로 만들면 상장이 가능합니다. 또 LBO의 발달로 세금이 부과되지 않는 금융 기법도 속속 개발되었습니다. 이로써 부동산 등 다양한 상품이 증권화되어 상장했습니다.

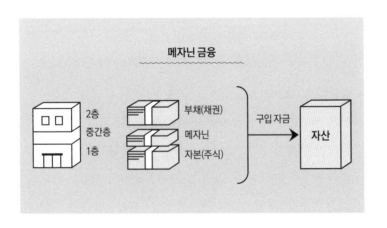

12

몇 번이고 되풀이되는
대폭락

이쯤 되면 무슨 내용인지 잘 이해하기 어렵다고 느끼는 분들이 있을지 모르겠습니다. 충분히 그럴만해요. 금융 기법은 지나치게 복잡해졌습니다.

월스트리트 주가 대폭락 이후 사람들은 엄격한 정보 공개 규정이 증권 시장을 정상화하리라 기대했습니다. 하지만 금융 기법이 이렇게 복잡해지면 정보를 공개한들 정확히 이해할 길이 없습니다. 튤립 알뿌리를 아무리 들여다봐도 어떤 꽃이 필지 알 수 없었던 것처럼, 공개된 정보 역시 읽어도 의미를 모르면 알뿌리와 다를 바 없는 것이죠.

그 결과 과거 버블과 비슷한 과열 양상이 몇 번이고 발생했습니다. 튤립 파동 때도, 남해회사 버블 때도, 월스트리트 주가 대폭락 때도, 자신이 사고파는 상품에 대해 자세히 알고 있는 사람은 극히 드물었습니다. 오늘날에도 정보를 상세히 공개하라는 규정이 있습니다. 하지만 읽어도 무슨 말인지 모르기 때문에 '다른 사람들이 괜찮다고 판단한 거니까 괜찮은 거겠지.'라는 사고 정지의 상태에 빠져 버립니다. 그야말로 '빨간불이지만 다 같이 건너니까 무섭지 않아.' 같은 상태라고나 할까요?

서브프라임 모기지론 Subprime mortgage loan(비우량 주택담보대출)은 여러 신용 등급의 채권을 교묘히 조합함으로써 높은 신용 등급을 받은 금융 상품입니다. '신용 등급이 높은 상품이니 괜찮을 거야.' 하는 생각이 퍼지면서 인기 상품이 됐습니다. 그러나 서브프라임 모기지론은 사실 위험도가 매우 높은 대출 상품이었고, 결국 회수 불능 자금이 급증했습니다.

2008년 9월 서브프라임 모기지론 관련 손실이 원인으로 작용해 미국 4위의 투자은행 리먼 브러더스가 파산했고 그 여파로 전 세계 증권 시장이 폭락했습니다. 그리고 월스트리트 주가 대폭락 때와 마찬가지로 전 세계는 장기

서브프라임 모기지론

저소득층을 위한 미국의 고위험·고수익 주택담보대출. 프라임(우량 고객)의 아래 등급이라는 뜻의 '서브프라임'과 '주택담보대출'을 결합한 말이다. 신용 등급이 높은 다른 상품과 결합해 럭키백처럼 판매한다. 진짜 럭키백이라면 다른 상품이 다 하급이어도 상급 하나만 있으면 만족할 테지만 금융 상품은 하급 상품 하나가 전체 상품 가치를 떨어뜨리는 결과를 초래한다.

불황에 허덕이게 됐습니다.

난해한 금융 시스템 아래에서 공개 제도는 제 기능을 발휘하지 못했습니다. 더구나 서브프라임 모기지론 사태에서는 심판관 역할이라 할 수 있는 신용 평가 기관의 감독도 제대로 작동하지 않았습니다.

복잡해진 금융 시스템을 쉽게 이해하려면 어떤 수단과 룰을 이용해야 할까요? 이 문제는 다음 세대가 풀어야 할 숙제로 남았습니다.

신용을 조작하며 시장을 교란한 존 블런트는 거의 전 재산을 몰수당했습니다. 블런트에게 뇌물을 받았던 의원들도 투옥되거나 스스로 목숨을 끊는 처지에 내몰렸습니다.

신용 룰이 널리 확산된 곳은 금융 분야였습니다. 금융에 관한 법과 규제뿐 아니라 많은 금융 기법이 만들어졌습니다. 물론 신용 룰이 금융 분야에만 적용되는 것은 아닙니다. 신용은 인간관계의 기본을 이루는 중요한 요소입니다. 우리는 친구, 남녀, 회사나 조직 등 수많은 상황에서 신뢰와 믿음을 바탕으로 관계를 맺고 소통합니다. 많은 팀 스포츠에서도 팀원 간의 신뢰 관계는 경기의 승패를 결정하는 중요 요소로 작용합니다.

신뢰는 기대감과 안전감으로 이루어집니다. 사람은 다른 사람과 신뢰 관계를 맺음으로써 안도감을 느낍니다. 신뢰 관계를 형성한 사람들과 협력하고 서로의 역할을 기대함으로써 혼자서 무언가를 할 때보다 더 큰 성과를 이룰 수도 있습니다.

'남해 버블 사건'.
에드워드 매튜 워드
(1720년).

사진: 위키디피아

'이심전심'이라는 말처럼 마음이 통하고 신뢰가 굳건한 인간관계라면 굳이 신용을 객관적인 룰로 삼지 않아도 된다고 생각할 수도 있습니다. 다만 일상생활에서의 구호나 스포츠에서의 사인 플레이 등이 신뢰 관계를 더욱 촉진하는 것도 사실입니다. 신용 룰이란 사람들의 안전감과 기대감을 객관화하기 위한 룰인 셈입니다.

신용 룰은 비즈니스에서 가장 중요한 요소입니다. 예를 들면 상품이나 서비스에 문제가 생겼을 때 이용하는 보증제도나 A/S는 고객에게 안전감을 제공하는 신용 룰입니다. 이뿐 아니라 고객 중에는 상품과 서비스의 발전 가능성을 예상하고, 이를 기대하며 구입하는 일도 많습니다. 리뷰 시스템이나 고객 의견 게시판 등은 이러한 고객의 기대감을 파악하기 위한 신용 룰입니다.

한편 기대치 조절도 중요합니다. 사람들은 기대한 만큼의 결과가 나오지 않으면, 비록 그 기대가 과도했을지라도 배신당했다고 느낄 수 있습니다. 이를테면 어떤 회사의 사업 계획을 떠올려 봅시다. 회사의 대표가 일방적으로 사업 계획을 세우고, 톱다운 방식으로 각 부서에 할당량을 배정하는 곳이 아직도 꽤 많습니다. 그런데 대표가 보기에는 적당한 기대치라 할지라도 할당량을 배정받은 부서 입장에서는 지나치게 높은 기대치일 수 있습니다. 사내의 신뢰 관계를 높이기 위해서는 현장의 의견을 충분히 수렴한 룰 메이킹이 필요합니다. 즉 적절한 기대치 내에서 룰을 만드는 것이 신용 룰의 핵심이라고 할 수 있습니다.

이번 장에서는 작은 나라 영국이 결과적으로는 신용 룰을 잘 활용해 산업혁명을 일으키는 데 성공하는 모습을 보았습니다. 다만 영국의 산업혁명이 사람들의 힘을 결집하는 신용 룰의 작용만으로 이루어진 것은 아닙니다. 그 성공의 이면에는 개인의 창의성을 끌어내는 또 다른 룰이 있었습니다.

Elizabeth I
(1533-1603)

확산과 통제
: 지식재산의 창조 룰로 산업 진흥을 꾀하다

"국왕이라 하더라도 신과 법 아래에 있습니다."

17세기 영국의 법률가 에드워드 코크는 '법의 지배(Rule of law)' 원칙을 주장하며 법치주의 정립에 공헌한 인물로 유명하다. 그러나 동시에 그는 음모와 책략이 소용돌이치며 실각과 처형의 위험이 도사리는 영국 정치에서 살아남고자 필사적이었던 정치인이기도 하다. 당시 엘리자베스 여왕은 특허회사를 비롯한 다양한 분야의 독점권 사업을 왕실 수입원으로 삼았고, 나아가 이를 권력 장악에 이용했다. 엘리자베스 여왕이 중용한 코크는 권력 핵심 인사로 활동하며 여왕의 독점권 비즈니스를 옹호했다.

그러나 제임스 1세가 즉위하고 그 측근으로 정적인 프랜시스 베이컨이 부상하자, 코크는 국왕의 독점권 비즈니스를 비판하는 입장으로 돌아섰다. "국왕이라 하더라도 신과 법 아래에 있습니다." 이는 코크가 제임스 1세에게 간언한 것으로 유명한 말이다. 어쩌면 이 말을 통해 가장 지키고 싶었던 건 코크 자신의 입지가 아니었을까? 이중 잣대로도 보이는 코크의 태세 전환은 흥미롭게도 지식재산 분야에서 창조 룰이 만들어지는 계기가 된다.

기술을 가지고 온
초빙사들

기술이라는 것은 한 나라의 산업을 발전시키는 중요한 열쇠가될 수 있습니다. 예부터 많은 나라가 새로운 기술을 확보하기위한 노력을 아끼지 않았습니다. 다만 기술이나 아이디어는얻고 싶다고 금방 창출할 수 있는 것이 아닙니다. 그래서 미지의 신기술을 획득하는 가장 빠른 방법은 다른 나라의 선진 기술을 배우는 것이었습니다.

섬나라 일본도 예부터 다른 나라의 기술을 받아들이는 데열성적이었습니다. 오래전부터 중국에 사절단을 파견하는 형태로 유학이나 장인(기술자)을 초빙하는 일에 적극적이었습니다. 때로는 약탈적인 방법도 서슴지 않았습니다. 임진왜란 당시 조선의 사기에 매료된 도요토미 히데요시는 조선의 도공

들을 납치해 와 도예 기술을 전수토록 강제했습니다. 이를 통해 일본을 대표하는 도자기인 사쓰마도기가 발달하기도 했습니다.

메이지 시대(1868~19121)에는 서양 선진 기술을 도입하기 위해 유학이 성행했을 뿐 아니라 비싼 보수를 주고 외국인 기술자를 초빙했습니다. 고이즈미 야쿠모小泉八雲라는 필명으로 작품 활동을 한 소설가 라프카디오 헌Lafcadio Hearn, 홋카이도를 개척했으며 '소년이여 야망을 가져라.'라는 말로 유명한 윌리엄 클라크William S. Clark 박사, 서양의학을 전수하고 일본의 온천을 전 세계에 소개한 독일인 의사 어윈 발츠Erwin Bälz도 그 일환으로 초빙된 인사였습니다.

이처럼 해외 기술 도입에 열중했던 나라는 비단 일본만이 아닙니다. 소위 세계 4대 발명품이라 불리는 나침반, 화약, 종이, 인쇄술은 중국에서 발명했지만, 유럽 각국은 이를 받아들여 더욱 발전시켰습니다.

동방견문록으로 유명한 마르코 폴로Marco Polo는 베네치아의 상인이었습니다. 마르코 폴로가 이끄는 상단은 육로로 중국에 도달해 당시 중국 원나라 황제였던 쿠빌라이를 알현했습니다. 마르코 폴로는 중국에서 습득한 다양한 기술과 문물을 유럽에 소개했습니다. 그중에서도 나침반은 매우 중요한 발명 중 하나였습니다. 또 중국의 면 요리인 라미엔拉面을 접하고서 이것을 유럽에 전파했는데, 여기서 파스타가 탄생했다고 알려져 있습니다. 마르코 폴로가 여행에서 보고 들은 내용을 정리한 동방견문록은 원본이 남아 있지 않아 어디까지가 사실인지 의심스러운 부분도 있지만, 이 무렵 상인들을 통해 중국의 다양한 발명품과 기술이 유럽에 전해진 것만은 틀림없습니다.

이 시기에 기술 전파가 활발했던 이유로 몽골 제국의 확장을 꼽을 수 있습니다. 몽골 제국은 칭기즈 칸이 세운 유목민 국가로 13세기에 동쪽은 중국부터, 서쪽 끝으로는 유럽의 일부 지역까지 영토를 넓혔습니다. 이로써 동서 유라시아 대륙 간 인적 왕래가 활발해짐에 따라 기술이 빠르게 전파될 수 있었습니다. 1장에서 소개한 바와 같이 중국의 축국이 유럽으로 건너가 풋볼로 발전한 것도 이 무렵입니다.

여기서 놀라운 사실은 수많은 선진 문물의 발상지가 중국이라는 점입니다. 중국에서 왜 선진 문물이 다수 발명됐는지 그 이유를 명확히 알 수는 없지만, 아마 광활하고 비옥한 지대의 농경 국가로서 경제력과 노동력이 다른 지역보다 월등히 강하고 풍요로웠기 때문이 아닐까 싶습니다.

어찌 됐든 기술이라는 것은 세계 어딘가에서 우연 혹은 각고의 노력 끝에 발명된 것이 이 사람에게서 저 사람에게로, 이곳에서 저곳으로 서서히 확산하는 게 일반적이었습니다. 사람이 사람에게 메시지를 전하는 게임 중에 '말 전달 놀이'가 있

습니다. 여러 팀으로 나눈 뒤 각 팀에 특정 메시지를 주고 약
간의 제약을 준 뒤 팀원 간에 메시지를 전달하게 하는 놀이인
데, 가장 정확히 전달한 팀이 이깁니다. 말 전달 놀이를 해 보
면 다른 사람에게 무언가를 전하는 것이 얼마나 어렵고 수고
스러운 일인지 체감할 수 있습니다.

이 흐름에 변화를 일으킨 것이 **지식
재산**의 창조 룰인 특허였습니다. 그리
고 애당초 이 특허 룰도 외국의 기술자
를 초빙하던 제도에서 발전해 나간 것
이었지요.

> **지식재산**
> 발명이나 음악 창작 등 인간
> 의 지적 활동을 통해 발생하
> 는 모든 재산. 오늘날은 특허
> 권 및 저작권으로 법률상의
> 보호를 받는다.

02

특허제도는
베네치아에서 탄생했다

특허제도가 처음 시행된 곳은 1474년 베네치아 공화국으로 알려져 있습니다. 특허제도가 생기기 전부터 이탈리아 전역의 도시는 유능한 장인들을 불러 모으기 위해 보조금을 제공하거나 특권을 부여하는 등의 혜택을 주고 있었습니다. 다만 이는 어디까지나 개별적인 혜택이었을 뿐 룰이라고 할 정도는 아니었습니다.

이와 달리 베네치아가 제정한 특허법은 '베네치아에서 신규로 독창적인 기계를 만든 자'에게 10년 동안 독점권을 인정한다는 내용이었습니다. 베네치아의 특허법은 독점권을 주는 한편 기존 운영 방식인 보조금 등의 우대책도 그대로 유지했습니다. 특허 출원 시 아직 미완성 상태라 할지라도 일정 기간

안에 완성하면 인정해 주기도 했습니다. 반면, 일정 기간 특허 기술이 사용되지 않으면 이러한 혜택이 사라지기도 했습니다.

특허 심사는 베네치아의 산업 발전에 얼마나 공헌했는가를 중요하게 평가했는데, 기존의 상인도 심사에 관여했습니다. 현역 상인이 관여했다는 점에서 자신들의 상권을 위협하는 기술에는 특허를 인정하는 데 소극적이었을 가능성도 있습니다. 이런 관점에서 보면 **베네치아의 특허제도**는 발명자의 권리 보호라기보다 오늘날의 벤처 기업 지원책에 가깝다고 할 수 있습니다. 그래도 연간 한 건 정도가 특허 허가를 받았고, 베네치아의 특허제도는 유럽 전역에 알려지게 됩니다.

> **베네치아의 특허제도**
> 베네치아는 1474년에 특허법을 제정했다. 이 특허법은 '베네치아에서 신규로 독창적인 기계를 만든 자'에게 10년간 특허권을 부여하고, 특허권자의 동의나 라이선스가 없는 다른 사람이 동일하거나 비슷한 기계를 제작하는 것을 금지했다.

그러나 이 특허제도는 더 이상 발전하지 못하고 정체됩니다. 베네치아 자체가 오스만 제국의 확장으로 지중해 무역의 이권을 잃고 몰락해 갔기 때문입니다. 베네치아의 특허는 독점권은 물론이고 보조금까지 있는 혜택 가득한 룰이었지만 적극적으로 활용되지 못했습니다. 단점이라곤 찾아보기 힘든 룰이 왜 적극적으로 활용되지 못했는지, 당시에는 그 원인을 알지 못했습니다.

03

엘리자베스 여왕의
독점권 남용

특허제도는 비록 베네치아에서는 크게 빛을 보지 못했지만, 베네치아를 떠난 장인들을 통해 유럽 각지로 전파되었습니다. 그중 영국은 특허제도를 다른 형태로 운용했습니다.

섬나라인 영국은 자원이 부족하고 농작물의 작황도 좋은 편이 아니었기에 해외에 수출할 만한 물건이라고는 양모 정도밖에 없었습니다. 다른 나라와 마찬가지로 영국도 기술 전문가를 유치하기 위해 특허 형태의 독점권을 인정했습니다. 그러나 여타 유럽 국가의 특허제도가 산업 진흥책의 일환으로 보조금 등을 제공했던 데 반해, 영국은 반대로 특허를 인정받으려면 수수료를 내야 했습니다. 수수료는 지금 물가로 수천만 원에 달했는데, 이 특허 수수료는 영국 왕실의 직접적인 수입원이 되었습니다.

2장의 신용 룰에서 살펴본 동인도회사의 특허 때와 마찬가지로 영국 왕실은 이번에도 인색했습니다. 이 '인색함' 덕분에 영국의 특허제도는 다른 나라와 다른 방향으로 진화합니다. 당시 여왕 엘리자베스 1세는 특허권 수입에 의존했는데, 특허 회사에 내주는 해외 지역의 무역 독점권은 허가할 수 있는 대상(지역)에 한계가 있었습니다. 반면 기술에 대한 특허권은 대상 자체에 한계가 없으므로 억지를 부리면 얼마든지 허가를 내줄 수 있었지요.

그러다 보니 특허제도는 산업 진흥책이라기보다 왕실의 수익 사업적 성격이 강했고, 그 결과 특허가 남발되기 시작했습니다. 급기야 신기술과는 전혀 관련 없는 트럼프 제조에까지 특허를 내줬는데, 이 카드 제조 특허를 받은 사람은 다름 아닌 엘리자베스 여왕의 측근이었습니다. 여왕은 특허제도로 금전적 이익을 취할 뿐 아니라 자신의 권력을 공고히 하는 수단으로 이용했던 셈입니다.

당연히 트럼프 특허는 국내에서 맹렬한 비판을 받았습니다. 그러나 여왕의 측근은 이러한 비판에도 아랑곳하지 않고 트럼프 업자들을 상대로 소송을 제기했습니다. 이 측근의 소송 대리인을 맡은 사람이 이번 장의 서두에 등장한 에드워드 코크입니다. 엘리자베스 여왕이 중용한 코크는 국왕 권리 옹호파였습니다.

결과적으로 트럼프 카드 특허는 부적절하다는 판결을 받았고 영국 국회는 국왕의 권한을 제한하기 위한 행동에 들어갔습니다. 엘리자베스 여왕은 특허권을 남발하지 않겠다고 의회에 약속했지만, 뒤이어 왕위를 계승한 제임스 1세는 다시 특허권을 남발했습니다. 이에 의회는 제임스 1세를 강력히 비판했고, 1624년 마침내 국왕의 특허 부여권을 엄격히 제한하는 법률을 제정하기에 이르렀습니다. 이때 국왕 비판에 앞장선 사람이 바로 에드워드 코크입니다.

"옳은 말인 건 알겠는데, 저 사람이 할 말은 아니지 않아?" 요즘이었다면 코크가 국왕을 비판하는 모습을 보고 누리꾼들이 이런 식으로 비꼬지 않았을까요? 코크는 제임스 1세 시대가 막을 올리고 자신의 라이벌이 요직에 중용되자, 태도를 돌변해 의회와 법의 옹호파로 돌아선 것이죠.

이때 제정된 법은 '최초이자 진정한 발명자'에게 예외적으로 특허를 인정한다고 규정했습니다. 베네치아 시대의 특허제도로 돌아간 셈입니다. 단, 핵심은 그 판단을 누가 하느냐입니다. 법이 제정되고 그 이듬해에 서거한 제임스 1세의 뒤를 이어 왕위에 오른 찰스 1세는 의회를 무시하는 전제 정치를 펼치며 특허를 다시 남발하기 시작했습니다.

그 결과 유명한 **청교도혁명**이 일어났고 찰스 1세는 실각했습

니다. 그리고 마침내 국왕의 특허

남용에 제동이 걸렸습니다.

청교도혁명(퓨리탄혁명)

찰스 1세의 실정을 계기로 영국 왕실을 무너뜨리고 일시적으로 공화제를 수립한 혁명. 영국 왕실은 원래 재정적 기반이 약했던 터라, 혁명은 대지주들의 우두머리를 무너뜨렸다기보다 국가 체제를 둘러싼 의회 내 갈등으로 발생한 내전의 성격이 강하다. 최종적으로는 국왕의 권한을 제한한 입헌군주제 수립으로 이어졌다.

수수료와 공개 제도로
성공한 특허 룰

이처럼 영국의 특허제도는 왕실의 남용과 그것을 억제하고자 하는 과정을 거치면서 주변 국가와 상이한 시스템이 확립되었습니다.

특허 남용과 이를 막으려는 갈등 속에서 산업 육성을 위한 재량적 혜택이라는 요소가 빠지게 된 것입니다. 특허 인정 여부를 결정하는 심판 역할을 했던 법원은 특허 기술이 국가의 산업 진흥 등에 기여하는지를 따지기보다 객관적으로 진정한 발명품인지 아닌지를 살폈습니다. 이를 통해 특허가 객관적 룰이 될 수 있는 기반이 만들어졌습니다. 특허권의 취득에는 특허료(수수료)의 지불이 필요했던 점도, 특허가 혜택이 아닌 권리로 확립되는 데 도움이 되었다고 할 수 있습니다.

법원은 심판관으로서 형평성을 고려해 특허를 줄지 말지 판단해야 했습니다. 그러려면 판단 근거로 쓸 객관적인 사실이 필요했지요. 그래서 법원은 특허 내용을 서면에 기재하고 해당 내용을 사전에 공개하도록 요구했습니다. 특허 공개는 권리자로서는 큰 위험을 감수해야 합니다. 그런데 희한하게도 공개 제도가 확립되자 특허 건수가 점점 늘었습니다.

그 이유는 공개 제도가 가진 확산력 덕분이 아닐까 추정됩니다. 발명한 사람은 돈을 벌고 싶은 욕구도 당연히 있지만, 그 이상으로 자신의 발명을 세상에 널리 알리고픈 마음이 강하지 않을까 싶습니다. 베네치아의 특허제도에는 독점권이라는 통제력 외에 극진한 권리 보호도 행해졌습니다. 반면 영국의 특허는 고액의 수수료를 지불해야 하고, 특허 내용도 사전에 공개해야 했습니다. 그럼에도 특허제도가 발달한 나라는 영국이었습니다.

공개 룰의 중요성을 이해하는 데 참고할 만한 사례로 영국 **존 케이**John Kay가 1733년에 발명한 플라잉 셔틀flying shuttle을 들 수 있습니다. 존 케이는 수동 베틀의 작동 방식을 획기적으로 바꾼 장치를 발명해 특허를 취득했습니다. 직조 속도를 현격히 높인 케이의 플라잉 셔틀은 곧 영국 전역에 보급되었지만, 로열티(특허 사용료)를 회수하는 것에 큰 어려움을 겪었습니다.

플라잉 셔틀을 사용한 방직업자들은 실직을 우려한 직조

공들의 집단 반발 등을 이유로 들며 특허 사용료를 내려고 하지 않았습니다. 케이는 특허 소송 등의 부담으로 파산 상태에 이르러 프랑스로 건너갔습니다. 프랑스는 베네치아와 마찬가지로 수혜형 특허제도가 정비되어 있었습니다. 프랑스는 케이를 환영하며 독점권을 인정했을 뿐 아니라, 장려금을 비롯해 다방면으로 지원을 아끼지 않았습니다.

그렇지만 케이는 영국에 미련이 남았던 모양입니다. 그 후에도 케이는 여러 차례 영국으로 돌아갔으니까요. 프랑스에서 받은 많은 재정 지원을 고려하면 그가 경제적으로 곤란하지는 않았을 겁니다. 케이가 영국 귀국에 집착했던 건 어쩌면 영국의 공개 제도를 통해 자신의 발명을 널리 확산하고 싶었던 것은 아닐까요?

케이가 플라잉 셔틀을 발명할 당시는 특허 룰뿐 아니라 특허를 관리·통제하기 위한 실무가 아직 불완전했습니다. 공개 제도 때문에 영국에서 특허제도를 이용하는 사람이 많아졌지만, 확산될수록 통제력이 약해져서 케이를 비롯한 특허제도 초창기의 발명가는 그 균형을 맞추는 데 어려움을 겪었습니다.

그럼에도 확산과 통제라는 구조가 정립된 특허 룰이 있었기에 발명가라는 직업이 탄생할 수 있었습니다. 더욱이 발명은 시간적 여유가 있는 일부 부유층의 전유물이 아니라 평민이 사회적 신분 상승 기회를 잡는 도구로 활용되게 됩니다.

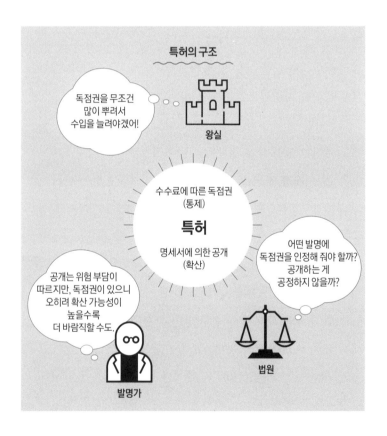

특허의 구조

독점권을 무조건 많이 뿌려서 수입을 늘려야겠어!

왕실

수수료에 따른 독점권
(통제)

특허

명세서에 의한 공개
(확산)

어떤 발명에 독점권을 인정해 줘야 할까? 공개하는 게 공정하지 않을까?

공개는 위험 부담이 따르지만, 독점권이 있으니 오히려 확산 가능성이 높을수록 더 바람직할 수도.

발명가

법원

국가별 룰 메이킹 특징 ①
코스트 퍼포먼스를 좋아하는 영국

영국에서 룰이 발전한 비결은 '코스트 퍼포먼스Cost performance' 즉
비용 대비 효과를 중시한 사고에 있다고 볼 수 있습니다.

중세 유럽은 농경 사회였습니다. 아침부터 밤까지 근면하게 일
하면 신이 은혜를 베풀어 일용할 양식을 준다고 믿었지요. 여기
에 비용 대비 효과라는 발상은 없습니다. 농민들은 온종일 논밭
을 분주하게 일구었지만, 들인 노력(비용)만큼 수확을 얻게 될지
는 신만이 아는 영역이었습니다.

16세기 영국에서는 모직물 공업의 발달로 양모값이 폭등하자
토지 소유주들은 소작농을 농지에서 내쫓고 경작을 하는 대신
양을 기르기 시작했습니다. 양모 산업은 농사처럼 날씨 같은 요
인 때문에 완전히 망하거나 크게 잘못되는 일이 거의 없었습니

다. 양모 산업의 매출이 어느 정도 안정되자, 영국인은 비용을 줄여 더 큰 이익을 올릴 방법을 모색했습니다. 양모 산업이 주요 산업으로 발전하는 과정에서 비용 대비 효과를 중시하는 사고가 자리 잡기 시작한 것이죠. 그러다 보니 필연적으로 효율성이 높은 룰을 만드는 것이 좋겠다는 생각이 싹트게 되었습니다.

영국은 제도나 법을 만들 때도 비용을 중시했습니다. 동인도 회사를 만들 때도, 특허제도를 만들 때도 영국 왕실은 고액의 수수료를 받았습니다. 그런데 아이러니하게도 왕실의 이 인색함이 두 제도가 원활히 시행되도록 만드는 열쇠가 되었습니다. 특허제도의 도입과 확산에 힘입어 여러 발명과 기술을 확보하게 되었습니다. 또한 영국은 섬유 산업에 진출하면서 제조 비용을 낮추고자 했습니다. 그 결과 증기기관을 비롯한 공업 기계의 혁신을 이룰 수 있었고, 산업혁명이 일어났습니다.

영국인의 효율성 중시 성향은 스포츠 선호도에서도 드러납니다. 영국은 많은 스포츠의 종주국인데, 그중에서도 골프의 룰 메이킹은 지극히 영국답습니다. 골프는 자연의 광활한 필드를 사용하면서도 목표는 작디작은 홀입니다. 더구나 가장 적은 타수로 홀에 공을 넣은 쪽이 이기는 게임입니다. 가장 적게 친 사람이 이긴다는 룰이야말로 효율성을 중시하는 지극히 영국다운 룰이라

×××

고 할 수 있겠습니다.

비용 대비 효과를 따지는 영국인의 현실 감각에 비추어 볼 때 어느 한쪽의 목숨을 걸어야 하는 결투 재판 룰은 이해하기 힘든 규칙이지 않았을까요.

×××

05

찰스 디킨스의
'가난한 사람의 특허 이야기'

여기서 잠시 영국의 대문호 찰스 디킨스의 단편소설 〈가난한 사람의 특허 이야기A Poor Man's Tale of a Patent〉를 들여다볼까 합니다.

주인공 대장장이 존은 크리스마스이브 밤 10시에 발명품 하나를 완성했습니다. 다음날 그는 친구인 윌리엄 부처에게 자신의 발명품에 대해 상의했습니다. 존은 이 발명품으로 특허를 따겠다고 했지만, 부처는 격렬히 반대하며 이렇게 말했습니다.

"특허법 운운하는데, 그 법은 한참 잘못되어 있어. 자네가 이 발명을 공개하면 자네가 특허를 따기도 전에 누군가가 자네의 성과를 빼앗아 버릴지도 모른다고. 큰돈이 드는 특허 비용을 지불해 줄 만한 사람한테 팔든지, 아니면 특허가 비싼 값에 팔리도록 여기저기 바삐 움직여야 하네. 하지만 그러다 특허를 도둑맞을 수도 있겠지."

존은 부처의 만류에도 불구하고 특허를 취득하겠다는 의지를 굽히지 않았습니다. 당시 그의 아내는 형제로부터 128파운드 10실링(약 5,000만 원. 당시 1파운드는 지금의 40만 원 상당이라고 환산한 액수. 이하 동일)의 유산을 받았는데, 존과 부인은 그 돈으로 특허료를 내기로 합니다. 이윽고 존은 부처의 친구이자 목수인 토마스 조이에게 신세를 지며 런던을 방문합니다.

여기서부터 고난의 여정이 시작됩니다. 존은 6주 넘게 관청 12곳을 돌아다니며 서류를 제출하고, 관련 비용으로 96파운드 7펜스(약 3,900만 원)를 지불합니다. 다행히 존은 특허 취득에 성공하지만, 이 모든 절차를 밟는 동안 완전히 녹초가 되고 맙니다. 존은 부처가 한 말이 결코 거짓이 아니었음을 뼈저리게 느끼게 되지요.

플라잉 셔틀을 발명했던 존 케이 이후에도 초기 발명가들은 복잡한 절차와 거액의 비용이 따르는 불완전한 특허제도 탓에 고전을 면치 못했습니다. 이 같은 현실이 투영된 찰스 디킨스의 단편소설은 당시 사회에 큰 반향을 일으켰고 후에 영국 특허법 개정으로 이어지게 됩니다.

06

천재의 불꽃에
'이익의 연료'를 부어라!

불완전한 특허 룰로 악전고투하는 상황 속에서도 영국에서는 많은 발명가가 탄생했습니다. 제임스 와트James Watt의 증기기관을 비롯해 세상에 잇따라 등장한 여러 발명품의 영향으로 마침내 산업혁명이 도래했습니다.

　산업혁명의 위력을 목격한 서양 각국은 특허제도를 속속 도입하거나 제도 개혁을 단행했습니다. 그러나 특허제도는 특정인을 우대하는 룰임에도, 어떤 기준을 충족할 때 권리를 인정해야 하는지에 대한 논의가 제대로 이뤄지지 않은 상태였습니다. 그중에서도 논란이 많았던 것이 특허 내용을 문서로 설명해야 하는지, 이를 공개해야 하는지, 심사를 해야 하는지, 취득 후 특허 내용을 실시하지 않는 행위는 어떻게 처리해야 하는지 등에 관한 논의였습니다.

이때 특허제도 정비에 특히 적극적이었던 나라가 미국입니다. 미국은 풍부한 자원과 광활한 대지를 갖춘 신흥국이었습니다. 하지만 항시 인력 부족에 시달렸고, 이를 해결할 기술이 간절히 필요했습니다. 그 같은 상황에서 먼저 확립된 영국의 특허 룰은 미국이 참고해야 할 대상이었습니다.

"천재의 불꽃에 이익의 연료를 부어라."

이는 링컨 대통령이 연설 도중 특허를 두고 한 말입니다. 링컨 대통령 본인도 특허 취득자였다고 합니다. 대통령이 연설에서 특허를 중요하게 언급했다는 사실에서 미국이 특허제도를 국가 발전의 근간으로 삼고 있었음을 알 수 있습니다.

그러나 이와 반대로 특허제도를 폐지해야 한다는 주장도 있었습니다. 특허 폐지를 주장하는 이유는 여러 가지가 있지만, 간단히 말하면 특허로 독점권을 인정하면 발명 기술을 널리 활용하는 데 방해가 된다는 것이었습니다. 유럽에서 이러한 논쟁이 벌어지는 와중에 네덜란드는 한 번 도입했던 특허제도를 폐지하게 됩니다.

그리고 이렇게 특허제도의 시비를 둘러싸고 격렬한 논의가 벌어지는 가운데 또 하나의 확산 룰이 세상에 나오게 됩니다.

07

특허 룰이
만국박람회의 걸림돌이 된다고?

특허제도가 정비되고 특허로 보호되는 사업이 궤도에 오르면 다른 나라에도 해당 제품을 팔고 싶은 욕구가 생기기 마련입니다. 그리고 새로운 기술을 가진 나라는 그것을 국가 전체의 부흥을 위해 사용하고자 했습니다.

영국은 나폴레옹 전쟁(1797~1815년 프랑스가 나폴레옹 1세의 지휘하에 유럽의 여러 나라와 치른 전쟁) 당시 자국의 산업혁명을 뒷받침한 기술이 다른 나라에 유출되지 않도록 안간힘을 썼습니다. 그 후 나폴레옹이 실각하고 다른 나라에서도 산업혁명이 시작되자, 이번에는 오히려 자신들의 기술을 다른 나라에 알려야겠다는 포부를 가집니다.

1851년 런던에서 세계 최초의 만국박람회가 열렸습니다.

박람회 제도는 만국박람회 이전에도 있었지만, 세계적인 규모의 박람회는 그때까지 존재하지 않았습니다.

전 세계의 새로운 것들을 한데 모은 박람회가 실현 가능했던 이유는 확산과 통제의 룰인 특허제도가 있었기 때문입니다. 영국에는 이미 확립된 특허제도가 있었고, 따라서 발명품을 전시하길 원하는 사람은 영국에서 미리 특허를 취득해 두면 안심하고 전시할 수 있었습니다. 요컨대 만국박람회는 특허제도를 전제로 한 또 하나의 확산 룰이었던 셈이지요.

만국박람회에는 5개월 동안 600만 명 이상의 관람객이 방문했고 18만 6,000파운드(약 740억 원)의 수익을 창출했습니다. 이 성공으로 1853년 뉴욕, 1855년 파리 박람회로 이어지는 만국박람회 붐이 일었습니다. 유럽 문화의 중심이라고 자처하는 프랑스는 박람회에 대한 반응이 특히 뜨거워서 1900년까지 5회나 개최했습니다.

이렇듯 세계 각지에서 만국박람회가 개최되면서 한 가지 문제가 발생했습니다. 이 문제는 1873년 오스트리아 빈에서 박람회가 기획되면서 분명해졌습니다. 오스트리아 특허법에는 특허 취득 후 1년 안에 특허 낸 발명 기술을 실행하지 않으면 권리를 상실케 한다는 룰이 있었습니다. 만국박람회에 출품하기 위해서는 개최국에서의 특허 취득이 필수였는데, 딱히 오스트리아에서 사업할 계획이 없는 사람의 입장에서 1년

이내라는 시행 의무는 지나치게 가혹한 것이었지요.

특허법 때문에 여러 나라가 출품을 주저하면 곤란했기에 오스트리아 정부는 만국박람회를 특허법에서 예외로 취급한다는 법을 만들었습니다. 그러나 예외를 둔다는 방침이 근본적인 해결책은 될 수 없으므로 만국박람회에 맞춰 특허에 대해 논의하는 국제회의가 열립니다. 베스트팔렌 조약 이후 전쟁 관련 국제회의가 열린 적은 있지만, 룰 관련 회의가 개최된 적은 없었습니다. 그만큼 특허 룰은 중요한 의제였습니다.

참고로 일본도 빈 박람회에 참가했는데, 유럽에 일본을 널리 알리는 계기가 됐습니다. 다만 특허 관련 국제회의에는 참석하지 않았습니다. 특허제도 자체는 메이지 시대 계몽 사상가인 후쿠자와 유키치福澤諭吉에 의해 일본에 소개되어 한때 법으로 제정하려고 했지만 시기상조였던 것인지 곧 중단되었습니다.

08

빈과 파리에서 열린
국제 특허 회의

빈에서 열린 국제회의는 특허 추진파인 미국의 주도로 진행되었습니다. 특허는 보상이 아니라 독점권 부여라는 점, 심사를 거쳐야 한다는 점, 기간은 15년 정도로 한다는 결과가 회의를 거쳐 도출됐습니다. 또 특허 내용을 공개하고 내·외국인 간에 차별을 두지 않아야 한다는 점 등도 합의했습니다.

다만 특허를 실시하지 않은 경우에 권리를 소멸시켜야 하는지를 두고는 의견이 첨예하게 엇갈렸습니다. 논의 끝에 특허권은 소멸하지 않지만, 희망하는 자에게는 실시를 허가하는 제도를 인정하기로 했습니다.

이 논의는 1878년 파리 만국박람회에서 이어졌습니다. 통일된 특허법을 만들자는 원대한 목표 아래 열린 파리 국제회

파리 조약

정식 명칭은 '공업소유권의 보호에 관한 파리 조약'으로 특허 등의 보호를 목적으로 1883년에 파리에서 체결 및 발효되었다. 자국민과 동일한 권리를 외국인에게도 인정할 것과 어느 한 나라에서 출원한 경우 일정 기간은 다른 나라에 출원할 때도 우선권이 있다는 점 등을 규정했다.

의는 몇 년에 걸쳐 계속되었는데, 장기간의 논의 끝에 통일법 제정은 어렵다는 사실을 모두가 확인했습니다.

그럼에도 빈 국제회의에서 합의한 사항을 바탕으로 조약안이 작성되어 1883년 **파리 조약**이 발효되었습니다. 이로써 유럽과 미국을 중심으로 한 나라들은 어느 정도 통일된 특허제도를 갖추게 되었습니다. 특허 출원 수의 증가와 경제 발전이 상관관계가 있음을 고려할 때, 특허제도는 분명 국가의 경제 발전에 유효한 룰이었습니다.

다만 특허를 취득하기만 하고 활용하지 않는다면 의미가 없습니다. 특허를 실시하지 않으면 권리를 박탈하거나, 타인이 사용하는 것을 허가해야 한다는 논의는 지금도 계속되고 있습니다.

09

특혜를 누린
출판업계

영국에는 다른 나라와는 차별화된 형태의 독점권에서 비롯
된 창조 룰이 있었습니다.

독일의 요하네스 구텐베르크Johannes Gutenberg가 발명한 활판
인쇄술은 외국인 인쇄 기술자들을 통해 영국에도 유입되었는
데, 런던의 출판업자들은 이를 즉시 받아들였습니다. 출판업
자들은 16세기에 길드(상공업자들이 만든 동업 조합)를 형성했고
영국의 인쇄, 출판, 판매는 이 런던의 출판업자들이 독점하게
됩니다.

길드의 독점권이 런던에만 집중된 이유는 국가의 편의에 따
른 것이었습니다. 어느 나라든 정부를 향한 비판에는 애를 먹
기 마련입니다. 출판물을 매개로 정부를 비판하는 민중의 목

소리가 커지면 정권 전복의 요인이 될 수도 있습니다. 그래서 과거 많은 나라가 출판 내용을 검열해 정권에 불리한 내용이 출간되는 것을 금지했습니다.

영국 정부는 출판업 길드에 이 검열 권한을 부여했습니다. 정부가 길드를 관리하려면 수가 적은 편이 수월합니다. 그래서 출판업 길드는 런던에만 두었고, 인쇄부터 출판까지 하나의 단체로 통합되어 있었습니다.

거대한 출판업 길드는 다른 길드와 달리 내부 사정도 특수했습니다. 가령 제과업자들의 길드라면, 길드에 소속된 각 제과점 간에 다소 경쟁이 있긴 해도 독립적인 영업이 보장되므로 길드 내 평화가 유지됐습니다. 그러나 런던의 출판업 길드는 그 힘이 너무나 강했습니다. 출판업 길드는 영국 전역의 출판권을 쥐고 있었습니다. 빵과 달리 서적은 판매 지역이 광범위하므로 길드 내 사업자 간 경쟁도 발생했습니다. 그 결과 경쟁에서 이긴 일부 사업자가 막강한 힘을 갖고, 인쇄만 하는 다수의 사업자는 찬밥 신세가 되는 상황이 벌어졌습니다.

한편, 서적이 대중에게 널리 퍼지면 인기 서적의 복제물을 만드는 이들이 나타나기 마련입니다. 출판업 길드에는 검열 권한뿐 아니라 불법업자를 단속하는 권한도 있었습니다. 이렇게 막강한 길드의 권한하에 사업자 간 권리 관계를 정리할 필요성이 대두되었습니다. 이에 출판업 길드는 서적 등록제도를 만들고 등록 사업자에게 서적 복제권을 주기로 했습니다. 이 권리는 복제할 권리가 있다는 의미에서 '카피라이트_{Copyright}'라고 불렸습니다.

이 같은 출판업 길드의 독점권은 특허 독점권만큼이나 비판의 대상이 되었습니다. 그리고 청교도혁명과 명예혁명으로 영국 왕실의 권한이 제한되는 가운데 출판업 길드의 독점권도 점차 폐지되어 갔습니다. 다만 독점권은 폐지하더라도, 해적판 단속은 여전히 필요했습니다. 그래서 출판업 길드의 내부 규정이었던 등록을 통한 복제권 부여를 독립된 법으로 만들기로 했습니다.

그 결과 1709년에 세계 최초의 저작권법이 탄생했습니다. 출판업 길드라는 강력한 통제력과 확산력을 가진 거대한 존재에 의해 저작권이라는 창조 룰이 구축된 셈입니다. 세계 산업을 변화시킨 특허와 저작권이라는 두 가지 창조 룰은 영국의 과도한 독점권 제도에서 탄생하게 되었다고 해도 무방합니다.

10

프랑스의 주도로 시작된
음악 산업

저작권 제도의 출현으로 서적 출판뿐 아니라 다양한 분야에서 창작 활동이 활발해졌습니다. 음악도 그중 하나입니다.

구텐베르크가 활판인쇄술을 발명한 지 50여 년 후 베네치아의 출판업자 오타비아노 페트루치Ottaviano Petrucci가 악보 인쇄에 성공합니다. 이로써 작곡가라는 직업이 탄생하고 음악 산업도 발전하게 되지요. 악보 인쇄가 가능해지면서 음악을 널리 보급할 수 있게 되었지만, 한편으로는 마음대로 복제물을 인쇄할 수도 있게 되었습니다. 그래서 작곡가들은 특허를 통해 자신의 곡을 보호받고자 했습니다. 하지만 곡 하나하나에 대해 특허를 받기란 현실적으로 어려운 일이었습니다.

영국에서 제정된 저작권법은 특허처럼 번거로운 신청 절차가 없었기에 음악의 권리 보호에 적격이었습니다. 그런데 정작 음악 저작권 제도가 발달한 곳은 영국이 아니라 프랑스였습니다. 프랑스는 베스트팔렌 조약 이후에도 국왕의 힘이 강했고 왕실 문화가 번성했습니다. 왕실 문화는 다양한 예술 분야를 육성하는 데 도움이 되었고, 많은 예술가가 왕실을 위해 일했습니다. 왕실은 악보 인쇄에 성공한 페트루치를 비롯한 음악가와 예술가들에게 특허권을 부여했습니다. 이 특허권은 악보나 미술품의 복제권뿐 아니라 연주나 연극의 공연권까지 포함했습니다.

프랑스혁명이 일어나면서 국왕이 부여한 독점권은 모두 폐지됐지만, 영국과 마찬가지로 저작권에 대해서는 이를 보호하는 법이 제정됐습니다. 단, 여기서 영국과 다른 점은 프랑스의 저작권법은 문서뿐 아니라 음악과 그림의 저작권을 인정하고, 나아가 연극 상연권까지 인정했다는 점입니다. 프랑스의 저작권법은 혁명으로 혼란스러운 시기에 만들어진 것이기에 사실 꼼꼼하게 정비된 법은 아닙니다. 그러나 작곡가들이 자신의 권리를 주장하기에 충분했습니다. 그들은 속속 소송을 제기해 자신들의 공연권을 되찾았습니다.

1878년 파리 만국박람회에서는 통일 특허법에 관한 국제회의가 열렸는데, 이때 통일된 저작권을 둘러싼 국제회의도 열렸습니다. 특허 관련 회의는 미국이 주도한 반면, 저작권 회의는 프랑스가 주도했습니다.

이후 에디슨이 발명한 축음기가 시대와 함께 뒤안길로 사라지고 레코드가 세상에 나오자, 음악은 악보와 연주로 돈을 버는 형태에서 레코드를 판매하는 형태로 바뀌게 됩니다. 이때도 프랑스가 주도해 음반 등의 매체에 대한 저작자의 녹음권을 확립했습니다. 나아가 제2차 세계대전 후 테이프 레코더가 보급되자 사람들은 음악을 복제할 수 있게 됐습니다. 저작권법은 기본적으로 복제를 금했지만, 개인적인 녹음까지 금지하는 것은 과도하다고 판단했습니다. 그래서 많은 나라가 사적 복제는 예외로 인정했습니다. 그 결과 사람들은 자신이 좋아하는 곡을 카세트테이프에 녹음해 즐길 수 있게 되었지요.

1980년대 후반에는 CD(콤팩트디스크)를 비롯한 디지털 매체가 등장하면서 레코드를 몰아내기 시작했습니다. 나아가 MD(미니디스크), CD-R, DVD-R 등 복제 가능한 디지털 매체가 세상에 나오자 사적인 복제로도 음질 면에서 뒤떨어지지 않는 고품질 음반을 많이 만들 수 있게 됐습니다. 이렇게 되자 아무리 사적 용도라고는 하나 무제한 복제를 허용해도 되는지에 대한 논쟁이 일었습니다.

이처럼 음악 산업은 프랑스의 주도 아래 저작권으로 더 폭넓은 보호를 받게 되었고, 매체가 바뀔 때마다 새로운 논의의 필요성이 제기되고 있습니다.

창작은 인간의 기본적인 욕구 중 하나입니다. 천진난만한 아이들
도 무언가를 만들고, 그것을 다른 사람에게 보여주는 걸 좋아합
니다.

법률가 코크의 태세 전환은 특허와 저작권 등 지식재산권이라
는 새로운 권리를 탄생시켰습니다. 그리고 지식재산권 제도는 재
판이 거듭되는 가운데 확산과 통제라는 두 가지 요소가 결합한
구조로 확립되어 갔습니다. 자신이 창조한 것을 세상에 널리 알
리고 싶어 하는 욕구를 동력 삼아 인간의 창의력이 폭발하는 모
습을 우리는 살펴봤습니다. 돈은 필요조건이지만 충분조건은 아
니었지요.

확산과 통제로 구성된 창조 룰은 자신의 창작물을 자기 통제
아래에 두고 확산시킬 수 있는 제도로 널리 이용됐습니다. 오늘
날 창조 룰은 주로 콘테스트나 공모전, 경연대회 등의 형태로 많
이 활용되는 듯합니다. 콘테스트나 공모전은 일반인을 상대로 다

양한 작품을 모집해 우수성을 겨루고 순위를 매깁니다. 공개적으로 우수성을 인정받은 사람은 표창이나 상금을 받고 때로는 특별한 지위를 얻기도 합니다. 참가자는 자기 작품이 우승해 세상에 널리 알려지기를 꿈꾸며 작품을 출품합니다.

콘테스트에서는 가끔 분쟁이 생기기도 하는데, 원인은 대개 작품의 모든 권리를 주최자에게 이전한다는 규정 때문입니다. 콘테스트의 룰은 주최 측이 정하는 것이어서 작품의 권리를 어떻게 할지도 주최 측에게 달렸습니다. 하지만 확산과 통제라는 창조 룰의 원리를 생각하면 이 방식은 참가자의 의사와는 맞지 않는 부분이 있습니다. 참가자는 자기 노력의 결과인 창작물을 자신의 이름과 통제하에 세상에 알려지길 원하기 때문입니다. 당사자의 이러한 의사를 완전히 무시하고 정해진 룰은 문제가 생기기 쉽습니다.

물론 그렇다고는 해도 콘테스트의 성격상 권리를 주최자에게 양도할 수밖에 없는 때도 있습니다. 이럴 때는 참가자에게 어떠한 형태로든 통제권을 남길 수 있는 장치가 더해진다면 문제가 원만히 해결될 수도 있습니다.

그렇다면 새로이 창작된 작품은 어떻게 세상에 널리 퍼져 나갈 수 있는 걸까요? 이 주제를 다음 장에서 살펴보겠습니다.

1867년 파리 만국박람회의 모습.

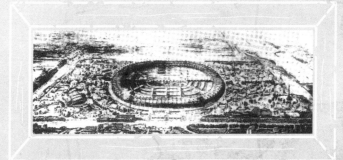

프랑스 시사 잡지 〈르 몽드 일뤼스트레(Le Monde Illustre)〉에 실린 판화. 사진: 위키디피아

PART
4

Jules-Albert de Dion
(1856-1946)

참여 유도와 역할 분담
: 혁신을 둘러싼 룰 대결의 승자

프랑스 귀족의 후예 알베르트 드 디옹 백작, 자동차에 매료되다

드 디옹 백작은 다혈질에 난폭한 성격으로 소문이 자자했다. 한번은 대통령의 머리를 막대기로 쳐서 체포된 적도 있었다. 그런 백작이 푹 빠진 상대가 바로 자동차였다. 1894년, 파리에서 출발해 루앙까지 126km를 달리는 세계 최초의 자동차 경주대회가 열렸다. 대회의 룰은 조금 독특했다. 일반적인 경주라면 속도가 거의 유일한 우승 기준이겠지만, 이 대회의 우승 기준은 속도가 아닌 안전성과 쾌적성, 경제성 등이었다.

드 디옹 백작은 파리-루앙 간 경주에 증기자동차를 타고 참가해 멋지게 1등으로 골인했다. 하지만 백작의 증기자동차는 2명의 운전사가 필요하다는 이유로 우승에서 밀리고 만다. 사람들은 난폭한 성질의 드 디옹 백작이 결과를 받아들이지 못하고 격노할 것이라 예상했다. 그러나 백작의 반응은 의외로 덤덤했다. 드 디옹 백작의 눈은 이미 가솔린 자동차 산업이 주도하는 눈부신 미래를 향하고 있었기에.

룰에 발목 잡힌
영국의 자동차 벤처기업

골드워즈 거니Goldsworthy Gurney는 룰 메이킹 대결의 한복판에 있었습니다.

영국에서 증기기관차가 개발될 무렵, 거니는 증기자동차 실용화에 박차를 가하고 있었습니다. 1829년에 런던-바스 간 왕복 320km를 시속 24km로 주파하는 주행 테스트에 성공했고, 그로부터 2년 뒤 거니가 런던에서 시작한 증기자동차 버스 사업은 큰 호응을 얻으며 판매도 순조로웠습니다.

하지만 동시에 일부 시민들과 마차 사업자들에게 강한 반감을 사며 많은 괴롭힘을 당하기도 했습니다. 특히 경쟁 구도에 있는 마차 사업자의 반발이 심했습니다. 마차 사업자들은 증기자동차가 눈에 띄면 고의적으로 차체를 들이받는 등 통행을 방해하고, 관청에 민원을 넣기도 했습니다.

방해 공작 중에서도 가장 골칫거리였던 것은 유료 도로 관리인들의 행동이었습니다. 턴파이크Turnpike라고 불리는 영국의 유료 도로는 민간이 관리했는데, 당시 영국에서는 흔한 모습이었습니다. 그리고 턴파이크 도로 관리인 중 다수가 마차 사업을 겸할 정도로 두 집단은 결탁을 맺고 있었습니다.

턴파이크의 통행료는 인가제였습니다. 관리인들은 증기자동차 사업을 방해할 목적으로 통상적인 통행 요금보다 증기자동차에 더 높은 요금을 부과하기로 모의했습니다. 차별적 요금을 인가하는 법안이 50개 이상 제출됐습니다.

차별적인 통행료가 일부 유료 도로에서 시행된다고 해서 거니의 증기자동차 버스 사업이 당장 적자가 나는 것은 아니었습니다. 그러나 증기자동차 버스 사업을 확장하려면 여러 투자가로부터 출자를 받아야 했고, 거금을 투자할 투자가를 설득하려면 어떻게든 이 차별적 통행료를 없애야 했습니다. 그래서 거니와 투자가들은 다른 동업자들과 힘을 합쳐 영국 의회에 차별적 통행료를 금지해 달라는 청원을 내기에 이르렀습니다. 자동차라는 혁신을 둘러싼 룰 대결의 불씨가 지펴지기 시작한 것이죠.

영국 하원은 이 문제를 검토하기 위해 조사위원회를 꾸렸습니다. 조사위원회는 증기자동차에 호의적이었습니다. 수개월

후에 제출된 보고서에서 증기자동차는 안전하고 공공에 피해를 주지 않는 운송 수단이며 차별적 통행료는 증기자동차의 이용을 방해할 수 있다고 결론지었습니다.

다만 조사위원회는 반대파에게 충분한 반론 기회를 주지 않았으므로 이 같은 사실인정은 증기자동차 쪽에 치우친 결론이라고 할 수 있습니다. 어쨌든 하원의 조사위원회는 증기자동차에 매우 유리한 보고서를 제출했고 유료 도로 통행료를 규제하는 법안은 가결돼 상원에 상정됐습니다.

그런데 상원은 신기술에 대해 하원보다 훨씬 보수적이었습니다. 상원 의장은 법안 심의를 매우 더디게 진행했고 특별위원회에서는 자동차 반대파 쪽 증인을 다시 소환했습니다. 그

거니가 실용화한 증기자동차. 사진: 위키미디어

리고 이러한 절차가 끝나갈 무렵에는 회기 종료가 코앞으로 다가와 법안 가결이 힘든 상황이 되었습니다.

거니는 다음 회기에 같은 법안을 다시 제출했습니다. 그러나 이번에도 하원에서 가결된 것이 상원에서 부결됐습니다. 이런 상황이 계속되자 거니 사업의 투자가들은 하나둘 손을 떼었고 결국 사업은 좌초되고 맙니다.

02

악명 높은 '붉은 깃발법'의
황당한 내용

거니와 그 투자가들이 시도한 증기버스 사업은 좌절됐지만, 이후에도 여러 사업자가 증기자동차 사업화에 도전장을 내밀었습니다. 특허가 유효했기 때문에 거니도 포기하지 않고 의회에 계속 탄원서를 제출했습니다.

하지만 증기자동차는 종종 보일러 폭발 사고를 일으켰습니다. 이러한 사고는 세간의 이목을 끌었고 증기자동차에 대한 역풍으로 작용했습니다. 다만 한편으로는 품질 개선도 병행되었습니다. 이후에도 여러 기술자가 새로운 증기자동차를 개발해 나갔습니다.

증기자동차를 옹호하는 쪽과 반대하는 쪽의 공방은 수십 년에 걸쳐 계속되었고, 그사이 교통 인프라는 크게 변화했습니다. 2장의 신용 룰에서 살펴본 것처럼 1840년대에는 철도 건설로 막대한 자금이 흘러갔습니다. 영국에서는 이 현상을 '철도 환상Railway Euphoria' 혹은 '철도 열풍Railway Mania'이라고 일컬을 정도였습니다. 1850년까지 영국은 약 1만km의 철도를 건설했습니다. 철도가 실용화된 지 불과 25년 만에 지구 둘레의 4분의 1에 해당하는 선로가 깔린 셈입니다.

자동차와 마찬가지로 철도 역시 증기기관이기에 보일러 폭발 사고가 발생했지만, 철도 열풍은 사그라지지 않았습니다. 철도 열풍으로 타격을 받은 분야는 마차 사업자와 턴파이크 사업자였습니다. 여태껏 마차가 운송하던 사람과 화물을 철도에 몽땅 빼앗기고 말았습니다. 그나마 철도가 시내 교통까지는 진출하지 않았던 터라 길목에서 손님을 단거리로 태우거나 승합하는 마차 사업 등은 살아남았습니다. 반면 턴파이크는 장거리 도로라서 철도로 인한 피해가 심각했고, 급기야 매출이 3분의 1 수준까지 감소했습니다.

사람은 심각한 문제에 직면했을 때 도저히 이길 수 없는 상대보다 눈앞의 작은 걸림돌이 더 눈엣가시처럼 느껴지는 법입니다. 턴파이크 사업자는 자신들의 얼마 안 되는 수입을 지키려고 증기자동차에 대한 공세를 한층 더 강화합니다. 턴파이크 사업자들의 압박을 받은 의회는 유료 도로를 보호한다는 명분 아래 자동차 규제의 고삐를 더 조였습니다. 1861년에는 자동차 최고 속도를 시속 16km, 시가지에서는 8km로 제한하기에 이르렀습니다. 사람이 걷는 속도가 시속 5km 정도임을 고려할 때 자동차는 시가지에서는 사람이 가볍게 뛰는 정도의 속도밖에 낼 수 없었던 셈입니다.

게다가 1865년에는 '자동차를 운행할 때는 붉은 깃발을 든 사람(기수)이 약 60m 앞서서 걸어가야 한다'라는 어처구니없는 규제를 시행했습니다. 앞에 사람이 걸어가면 자동차는 사람보다 빨리 달릴 수 없습니다. 이 법령에서 규정하는 '붉은 깃발'이 인상적이었기에 사람들은 이를 '붉은 깃발법Red Flag Act'이라고 불렀습니다.

이로써 1896년 이 악명 높은 법이 완전히 폐지될 때까지 영국 자동차 산업은 침체기를 겪게 됩니다.

자동차 주행 시 붉은 깃발을 든 사람이 앞서고 자동차는 그 뒤를 따라야 했다. 사진: 위키미디어

03

가솔린 자동차의
등장

붉은 깃발법 때문에 영국 자동차 산업의 숨통이 조이고 있을 무렵, 프랑스와 독일에서는 가솔린을 연료로 하는 자동차 개발이 한창이었습니다. 결과적으로 보면 가솔린 자동차 개발은 프랑스와 독일이 역할을 분담하는 양상으로 진행되었습니다. 가솔린 엔진을 개발한 것은 **카를 벤츠**_{Karl Benz}와 고틀립 다

카를 벤츠
세계 최초로 실용 가솔린 자동차를 개발한 기술자. 벤츠는 부인인 베르타 벤츠의 지참금을 회사에 쏟아부었을 뿐 아니라, 베르타도 경영에 참여하는 등 2인3각으로 회사를 키웠다. 부인 베르타는 가솔린 자동차 마케팅을 위해 카를에게도 알리지 않은 채 편도 106km의 자동차 여행을 단행하기도 했다.

임러_{Gottlieb Daimler} 등의 독일 기술자들이었습니다. 한편 차체는 르네 파나르_{Rene Panhard}와 아르망 푸조_{Armand Peugeot} 등 프랑스의 금속 제조업자들의 손에서 개발되었습니다.

독일에서 가솔린 엔진 개발이 활발히 이루어진 데에는 당시 독일 각지에 설립된 공과전문학교의 역할이 컸다고 말할 수 있습니다. 애초 프랑스의 공과전문대학을 모방해 설립된 학교들로 미성숙한 부분도 많았지만, 대신 실무에 중점을 뒀기 때문에 결과적으로 많은 민간 개발자를 배출하게 됩니다.

가솔린 엔진 개발에 성공했다 하더라도 자동차 개발은 또 다른 이야기입니다. 자동차에 대한 독일 내 반감도 영국 못지 않게 강했습니다. 1886년 바덴 대공국에서 가솔린 자동차 주행 실험을 한 카를 벤츠는 그 일로 법원에 소환되었습니다. 애당초 바덴에서는 동물이 아닌 다른 동력을 사용한 차량 주행을 금했기 때문입니다. 벤츠는 포기하지 않고 주행 실험 허가 신청을 계속해서 냈지만, 그 결과로 허락받은 주행 속도는 영국도 놀랄 만한 수준이었습니다. 시내에서 시속 6km, 시외에서 시속 12km에 불과했던 것입니다.

정공법으로는 규제를 통과하기 어렵겠다고 판단한 벤츠는 다른 방법을 궁리했습니다. 그는 관청 직원을 공장에 초대한 뒤 가솔린 자동차로 마중을 나가 일부러 느리게 운전했습니다. 마차에 뒤처질 정도로 더딘 자동차의 속도에 답답함을 느

낀 직원은 속도를 더 내라고 명령했습니다. 벤츠를 괴롭히던 가솔린 자동차 속도 제한은 결국 이런 식으로 묵인되어 갔습니다.

한편 프랑스의 파나르사는 당시 유행하던 이륜 자전거를 개량해 차체를 만들고, 여기에 독일에서 라이센스를 받은 가솔린 엔진을 탑재해 1890년 마침내 가솔린 차량 제작에 성공했습니다. 영국이나 독일과 달리 프랑스에서는 대규모 반대 운동이 일어나지 않았습니다. 여기에는 큰 비밀이 숨어 있었습니다.

04

파리 개조 사업,
자동차 발전의 초석이 되다

세계에서 가장 아름다운 도시라 불리는 파리는 세계 최고의 관광 방문객 수를 자랑합니다. 하지만 19세기 중반까지만 해도 파리의 거리는 지금처럼 아름답지 않았습니다. 요즘 같은 도시 경관은 나폴레옹 3세와 조르주 외젠 오스만Georges-Eugène Haussmann이 단행한 '파리 개조 사업'을 계기로 형성되었습니다.

1853년 파리 시장으로 취임한 오스만은 나폴레옹 3세의 지시로 파리 개조에 착수합니다. 파리 개조 사업의 콘셉트는 위생 상태 개선과 이를 위한 빛과 바람의 투입이었습니다. 오스만은 파리의 도로와 관련해 다음 세 가지 원칙을 내걸었습니다.

① 오래된 도로의 폭을 넓히고 직선화한다.

② 간선도로를 복선화해 교통 순환을 원활하게 한다.

③ 중요 거점은 교차로로 연결한다.

도로는 원래 직선인 게 당연하다고 생각하는 사람은 직선화가 그렇게 대단한 일인가 하고 의아해할지 모르겠습니다. 그러나 옛날에 만들어진 도로는 보통 좌우로 구불구불하게 이어졌습니다. 지금도 넓은 간선도로변을 걸으며 주의 깊게 살펴보면 간선도로 옆에 나란히 위치한 구불구불한 도로를 볼 수 있습니다. 간선도로가 정비되기 전에 있었던 옛길이지요.

구불구불한 도로를 넓게 쭉 뻗은 도로로 만들기 위해서는 주변 토지를 매수하고 철거하는 과정이 필요합니다. 요즘 이런 절차를 다 밟으려면 주민 설득에만 수십 년의 시간이 걸립니다. 그러나 오스만은 이를 몇 년 안에 해치웠습니다. 그의 방식은 굉장히 폭압적이었습니다. 가령 어느 지역에 로마 시대부터 있었던 두 개의 도로가 있다고 치면, 오스만은 둘 중 하나를 확장하는 것이 아니라 그 사이에 있는 민가를 부수고 새로운 대로를 뚫었습니다. 이렇게 난폭하게 밀어붙인 이유를 오스만은 이렇게 설명했습니다.

"빵의 딱딱한 껍질을 손대기보다 안의 부드러운 곳을 뚫는 편이 간단하니까."

오스만의 도시 개발은 강압적인 방식 외에 또 다른 특징이 있었습니다. 도로 포장에 당시의 신기술을 사용한 점입니다. 유럽의 거리라고 하면 납작납작하게 깔린 돌길을 떠올리는 사람이 많을 것입니다. 곳곳이 돌길로 이루어진 파리 고급 상점가의 거리는 분명 고풍스럽습니다. 그러나 모든 도로를 돌로 깔기란 현실적으로 불가능하기에 더 저렴한 포장법으로 시공했는데, '머캐덤Macadam 포장'이라 불리는 공법입니다. 머캐덤은 큰 돌을 아래에 깔고 그 위에 자갈을 빈틈없이 덮는 포장법입니다. 그러나 안타깝게도 이 방식은 차량 주행 시 홈이 자주 파이고 바람이 불면 돌가루가 지저분하게 날리는 등 평판이 매우 나빴습니다.

이에 반해 파리 개조 사업에는 '아스팔트 포장'이 사용됐습니다. 석유를 정제할 때 나오는 잔류물로 만든 아스팔트는 당시는 일반적으로 사용되지 않는 소재였습니다. 이렇게 새로운 포장으로 완성된 거리는 파리의 풍경을 180도 바꾸어 놓았습니다. 그리고 무엇보다 이 새로운 도로는 자동차 주행에 꼭 맞는 환경이었습니다. 자동차에 최적화된 인프라가 구축된 프랑스에서는 영국처럼 마차 사업자 등의 방해 공작이 거의 없었습니다.

그리고 이후 프랑스는 영국이 생각지도 못한 참여 유도와 역할 분담 룰을 활용해 자동차를 빠르게 보급해 나갑니다.

파리 개조 사업으로 정비된 리볼리 거리(1855년). 사진: 위키미디어

법률 제정 없이
자동차 경주의 룰을 만든 프랑스인

프랑스가 영국과 다른 점은 비단 도로 사정만이 아니었습니다. 프랑스는 자동차라는 새로운 교통 수단을 그야말로 스포츠로 탈바꿈시켰습니다.

1894년 프랑스 잡지 〈르 프티 주르날Le Petit Journal〉은 파리에서 노르망디 지방의 루앙까지 무려 126km를 달리는 세계 최초의 자동차 경주를 개최했습니다. 경주에는 증기 자동차, 전기 자동차, 가솔린 자동차 등 102대의 다양한 자동차가 참가 신청을 했고 예선을 거쳐 21대가 최종 본선에 출전했습니다.

이 경주의 룰은 특이했습니다. 보통 자동차 경주라고 하면 속도가 빠른 자동차가 우승을 차지하는 게 일반적이지요. 그러나 파리-루앙 간 경주는 속도가 아닌 경제성과 안전성, 쾌

적성이 평가 기준이었습니다. 경주를 벌인 결과, 결승점에 들어온 순서는 이번 장 서두에서 소개한 드 디옹 백작의 증기 자동차가 1위, 푸조사의 가솔린 자동차가 2위, 파나르사의 가솔린 자동차가 3위를 차지했습니다. 그러나 속도가 아닌 방금 열거한 기준을 반영한 결과 푸조사와 파나르사의 가솔린 자동차가 우승을 차지했습니다.

가솔린 자동차가 1등을 하자 전 세계에 가솔린 자동차의 우위성이 알려졌습니다. 또 엔진은 독일제, 차체는 프랑스제가 최고라는 평가를 얻게 됩니다. 파리-루앙 자동차 경주는 끊임없이 새로운 유흥거리를 찾던 부유층의 마음을 사로잡았습니다. 프랑스의 자동차 산업은 이동과 운반 수단이라기보다 부자들의 취미이자 스포츠로 부상했지요. 여기에 언론인이나 귀족 등의 부유층이 적극적인 확산자 역할을 했습니다.

파리-루앙 경주에서 첫 번째로 완주했지만 우승을 놓친 부통사의 알베르트 드 디옹 백작은 아쉬워하기는커녕 또 다른 경주를 기획했습니다. 그는 저명한 언론인, 자동차 업계 리더, 부유한 귀족이나 실업가를 모아 위원회를 조직했습니다. 그리고 이듬해에 파리에서 보르도까지 논스톱으로 왕복하는 경주를 기획했습니다. 이 경주의 거리는 1,178km로 전년도 여름에 열린 파리-루앙 경주의 10배에 달했습니다. 이러한 장거리 경주가 열렸다는 사실은 프랑스의 도로 사정이 그만큼 자동차 주행에 적합했음을 의미합니다.

　드 디옹 백작은 이 보르도 경주 위원회를 프랑스 자동차
클럽으로 발전시켰습니다. 회원 수는 1896년 2월에 422명
에 달했고, 1900년에는 2,000명을 넘었습니다. 또한 백작은
1898년에 자동차 업계 최초의 산업 조직인 자동차산업협회
를 설립했습니다. 협회는 모터쇼나 경기를 홍보하는 한편, 정
부를 상대로 여러 로비활동을 펼쳤습니다. 1890년대가 끝날
무렵 모터쇼는 파리에서 매년 열리는 연례행사로 자리 잡았

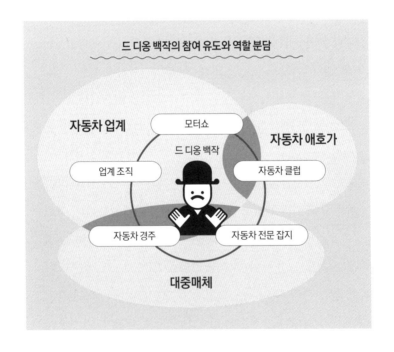

고 유럽 전역에 영향을 미쳤습니다. 1898년에 열린 모터쇼의 입장객은 14만 명에 달했으며 300개 이상의 업체가 출품한 자동차, 부품, 액세서리 등이 전시되었습니다.

모터쇼와 더불어 1894년 스포츠 잡지 〈라 로코모션 오토모빌La Locomotion Automobile〉을 시작으로 자동차 저널리즘도 발전했습니다. 자동차 경주가 스포츠로서의 재미를 어필해 사람들을 매료하면, 언론이 자동차로 얻을 수 있는 편의와 미래상을 전했습니다. 자동차 업계 단체와 자동차 클럽은 자동차를 지지하는 전 세계 사람들의 목소리를 하나로 모아 사회적인 세력으로 만들었고, 모터쇼로 더 많은 대중의 이목을 끌었습니다.

드 디옹 백작은 참여를 유도하고 역할을 분담시키는 능력이 매우 탁월했고, 그 결과 프랑스의 자동차 업계는 급성장했습니다. 프랑스는 20세기 초반 세계 최첨단 기술을 갖춘 자동차 선진국으로 성장했습니다. 1903년 각국 자동차 생산 대수는 미국이 1만 1,325대, 영국 2,000대, 독일 1,450대, 이탈리아 225대인 데 비해 프랑스는 1만 4,100대였습니다.

프랑스는 참여 유도와 역할 분담 룰을 최대한 활용함으로써 자동차 보급에 성공할 수 있었습니다.

국가별 룰 메이킹 특징 ②

브랜드를 만드는 룰에 능한 프랑스

프랑스인은 극적인 룰 메이킹을 선호합니다. 그들은 결투에 흥미를 느끼고 골프는 지루하다고 생각하는 경향이 있습니다.

드라마틱한 룰은 브랜드를 창출하는 데 도움이 됩니다. 프랑스인은 자동차 산업을 일으킬 목적으로 자동차 경주를 기획하고, 업계 조직을 설립하고, 모터쇼를 선보였습니다. 모터쇼뿐 아니라 패션쇼가 시작된 곳도 프랑스입니다. 프랑스에서 탄생한 명품 브랜드만 해도 여럿일 만큼 프랑스 사람들은 브랜드 기획에 뛰어납니다.

이러한 프랑스인의 기질은 왕실의 영향이 아닐까 싶습니다. 프랑스는 가톨릭 국가의 중심으로서 종교 개혁 이후 국왕의 힘을 강화해 절대 왕정을 확립했습니다. 영국에 비해 농업 조건이 뛰어나서 양모 산업으로 전환할 필요도 없었습니다. 강국으로 부상한 프랑스는 이탈리아 르네상스의 문화와 예술을 계승합니다. 프랑스 왕실은 많은 예술가와 요리사를 고용해 호화찬란한 궁정 문화를 꽃피우며 유럽 문화·예술의 중심으로 발전했습니다.

화려한 궁정 문화를 가진 프랑스 왕실은 산업에서도 화려한 고부가가치 산업 육성을 추진했습니다. 왕실은 강력한 리더십으로 마케팅 주도의 룰 메이킹을 진행했습니다. 그 결과로 성장한 프랑스의 패션 산업은 의류 비즈니스라기보다 예술 그 자체였지요. 파리의 패션 산업은 프랑스 왕실뿐 아니라 유럽 전역의 귀족들을 매료했습니다.

이후 프랑스혁명으로 왕조가 무너지고 궁정에서 일하던 많은 고용인이 민간으로 흡수됐지만, 프랑스의 고부가가치 비즈니스는 건재했습니다. 전직 궁정 요리사가 파리 시내에 연 화려한 프랑스 요리 레스토랑을 통해 궁정 문화는 파리의 거리로 보급되었습니다. 파리의 고급 의상점이나 백화점은 귀족뿐 아니라 신흥 부유층을 고객으로 유치하며 나날이 발전했습니다.

프랑스 왕실이 육성한 드라마틱한 룰 메이킹은 일반 대중으로 전해진 뒤에도 마케팅이나 이벤트 등의 분야에서 힘을 발휘했습니다. 이것이 프랑스인의 브랜드화 룰 메이킹으로 이어진 것이죠.

06

프랑스를 모방한
미국

한편 프랑스의 자동차 산업 성공에 자극받아 비즈니스 확장에 의지를 활활 불태우는 나라가 있었는데요. 어디일까요? 바로 미국입니다.

미국의 도로 사정도 영국과 별반 다르지 않았습니다. 흙이 그대로 드러난 진창길, 사정이 좀 나아 봤자 머캐덤 포장의 자갈길이었습니다. 그러나 미국은 신생국이고 국토도 넓어서 기존 세력인 마차 사업자들도 견고하게 조직화되어 있지 않았습니다. 게다가 독립된 주들의 연합체인 미국은 기본적으로 주마다 법이 달랐기에, 영국의 붉은 깃발법처럼 규제가 심한 주가 있는가 하면 느슨한 주도 많았습니다.

초기 미국의 작전은 유럽의 모방이었습니다. 프랑스 개신교 칼뱅파 출신의 농부 집안에서 자란 찰스 듀리에 Charles Duryea 는 당시 유행이던 이륜 자전거를 제조하고 있었습니다. 그러던 중 듀리에는 박람회에서 본 가솔린 엔진에서 영감을 얻어 1893년에 가솔린 자동차 실용화에 성공합니다.

1895년 시카고에서는 타임스 헤럴드의 주최로 프랑스 자동차 경주를 모방한 자동차 경주가 열렸습니다. 시카고 잭슨 파크에서 에번스턴까지 87km를 달리는 코스였습니다. 그러나 참가 신청을 한 83대의 자동차 중 예정된 날짜까지 출전 준비가 끝난 차량은 단 2대뿐이어서 경주는 연기됐습니다. 이후 경주가 재개되었을 때도 출발할 수 있었던 차는 듀리에의 가솔린 자동차와 독일에서 수입한 벤츠 3대, 증기 자동차 1대, 전기 자동차 1대로 총 6대뿐이었습니다. 급기야 경주 당일은 눈이 내리는 등 악천후인 탓에 추위에 약한 전기자동차는 곧바로 주행을 단념해야 했습니다. 이 밖에도 눈길에 미끄러져 사고가 난 차량도 있었습니다.

이러한 난관을 극복하고 듀리에의 가솔린 자동차는 멋지게 우승을 차지합니다. 듀리에의 성공을 목격한 이륜 자전거와 마차 제조업자인 앨버트 포프 Albert A. Pope, 데이비드 뷰익 David Buick, 랜섬 올즈 Ransom E. Olds, 헨리 포드 Henry Ford 등은 자동차 제작에 속속 뛰어들었습니다. 그리고 완전한 후발주자였던 미국은 눈 깜짝할 새에 프랑스를 따라잡았습니다. 1904년 프랑스의 연간 자동차 생산 대수는 1만 6,900대, 미국은 22,830대였습니다. 그 유명한 T형 포드가 출시되고 2년 후인 1910년에는 그 10배에 가까운 18만 7,000대를 생산했습니다.

이렇게 해서 미국은 세계 최대의 자동차 생산국으로 거듭났습니다. 미국이 프랑스를 순식간에 추월할 수 있었던 데에는 신흥국이라서 가능한 '규제의 느슨함'도 있었지만, 다른 이유도 있었습니다. 바로 '아메리칸 시스템'이라 불리는 대량 생산 방식의 도입입니다.

'양산화의 벽'을 뛰어넘은
획기적 시스템

현대에도 '양산화의 벽'이라는 말이 있을 정도로 대량 생산에는 고도의 노하우와 기술이 필요합니다. 대량 생산의 관건은 동일한 규격의 부품을 제조하는 '표준화'라는 개념이 쥐고 있었습니다.

18세기 후반의 산업혁명으로 공작기계를 사용한 제품 생산이 가능해졌지만, 금속 제품은 줄칼로 일일이 연마하는 마무리 공정이 필수적이었습니다. 각각의 제품에 들어가는 부품은 하나하나 연마해 조정한 것이었기에 부품 간 호환이 불가능했습니다.

"총 등에 들어가는 부품을 모두 같은 규격으로 만들면 부품이 망가졌을 때 새 부품으로 바꿔 끼우기만 해도 수리가 끝날 텐데……." 이렇게 생각한 사람은 프랑스의 총포 기술자 오노레 블랑Honoré Blanc이었습니다. 그러나 부품을 균일하게 표준화하는 일은 줄칼로 마무리를 해 오던 장인의 기술을 부정하는 상황으로 이어질 수 있었습니다. 파리의 장인들은 표준화와 같은 획일적인 제조 방식에 저항했고 블랑의 시도는 실패로 끝났습니다.

반면 당시 프랑스에 주재 중이던 미국 공사는 블랑의 아이디어에 감명받아 미국에 표준화 제조 방식을 정착시켜야겠다고 마음먹습니다. 그가 바로 훗날 제3대 미국 대통령이 된 토머스 제퍼슨Thomas Jefferson입니다. 제퍼슨은 귀국 후 표준화 방식의 필요성을 주장했고 미국은 스프링필드와 하퍼스 페리의 무기 공장에서 호환 가능한 부품을 사용한 총 제조에 착수했습니다.

규격이 완전히 같은 부품은 하나하나에 수고와 시간을 들이면 얼마든지 만들 수 있습니다. 그러나 이를 저비용으로 대량 생산하기란 만만치 않았습니다. 각 부품 제조에 특화한 전용 공작기계를 마련하고, 역할 분담을 세분화하고, 분업에 대한 철저한 지침뿐 아니라 표준화된 규격을 검사할 게이지(기준)도 필요했습니다.

미국은 시행착오 끝에 19세기 중반 제조방식 표준화에 성공합니다. 이후 표준화 방식은 민간에까지 널리 보급되었습니다. 물론 미국에서도 전문 기술인들의 저항은 있었습니다. 하 퍼스 페리에서는 관리자의 엄격한 직원 관리로 해고된 기술자 가 관리자를 살해하는 사건도 발생했습니다. 이러한 반발에 도 불구하고 표준화에 의한 분업 체제가 확립할 수 있었던 까 닭은, 미국의 사회 시스템이 아직 정비되지 않아 장인의 권리 주장이 강한 힘을 얻지 못했기 때문입니다.

건국 이후 만성적인 노동력 부족에 시달리던 미국은 대량 생산 방식의 확립에 힘입어 세계의 공장으로 급부상합니다. 미국에 유럽 자동차가 유입된 19세기 말, 미국에는 표준화된 부품 가공을 할 수 있는 제조업체가 많았습니다. 랜섬 올즈는 공장 화재를 계기로 1901년에 대량 생산식 자동차 제조를 시 작했습니다. 비록 화재로 제조 설비 대부분을 잃었지만, 공장 주변에는 표준화된 부품을 제조할 수 있는 제조업체가 많았 습니다. 올즈는 이들 제조업체로부터 부품을 조달받고 자신 의 회사는 조립에 특화하기로 했습니다.

대량 생산 방식도 드 디옹 백작과 마찬가지로 참여와 역할 분담 룰이 성공 비결이었습니다. 많은 제조업자를 참여시켜 역할을 분담하 는 대량 생산 방식은 **아메리칸 시스템**이 라 불리며 세계를 놀라게 했습니다.

제조 분야에서 참여 유도와 역할 분

> **아메리칸 시스템**
> 원래는 미국의 무기 제조 분 야에서 호환성 있는 부품을 만드는 방식을 일컬었는데, 점차 미국의 대량 생산 방식 자체를 의미하게 됐다.

담을 극대화한 사람이 헨리 포드입니다. 포드는 생산 공정을 세분화·규칙화하는 포드 시스템을 도입해 미국을 자동차 대국의 반열에 올려놓았습니다.

미국이 만든 제품의 '표준화' 룰과 생산 공정 룰은 세계 각국으로 보급되며 발전을 거듭했습니다. 어느 한 제품의 룰에 불과했던 표준화 룰은 안전성 관점이 더해져 ISO(국제표준기구) 인증과 같은 국제 룰이 됐습니다. 또 생산 공정 룰은 프레더릭 테일러Frederick W. Taylor의 과학적 관리법 등으로 대표되는 경영 관리 방법으로서 제조업뿐 아니라 사업 전반에 통용되는 관리 기법으로 성장했습니다. 그러나 한편으로 노동 문제도 심각해져서 노동 법규의 조정과 융합의 필요성이 커졌습니다.

08

스피드광과 교통 법규의
탄생

자동차는 발명된 지 100년도 채 되지 않아 세상을 180도 변화시키며 사회에 깊이 침투했습니다. 동시에 큰 사회적 문제를 낳기도 했는데, 이 때문에 반감과 규제를 둘러싼 논의가 들끓었습니다.

특히 자동차에 부정적인 감정을 가진 것은 농민들이었는데, 자동차를 보면 돌 등을 던지기 일쑤였습니다. 자동차의 성능이 향상되면서 등장한 이른바 '스피드광'은 대중을 한층 자극했습니다. 1913년에는 베를린 교외 시골길에서 고속 운전을 하던 커플이 도로에 설치된 철사에 목이 잘리는 사건이 발생했습니다. 그래서 운전자 스스로가 총이나 채찍을 가지고 다니는 등 자위책을 찾기도 했습니다.

이처럼 대중과 운전자 간에 일부 극단적인 대립이 있었지만, 자동차에 대한 전면 금지 등의 조치는 감소했고 1890년대 이후에는 속도 제한 룰이 도입되기 시작했습니다. 그리고 20세기 초에는 운전면허나 자동차 등록제도 등의 룰이 도입되었습니다. 이로 인해 곤란해진 쪽은 미국의 운전자들이었습니다. 미국은 주 또는 도로마다 교통 법규가 제각각이었기 때문입니다. 그 결과 작은 마을에서의 과도한 속도 제한은 스피드 트랩Speed trap이라 불리며 운전자들을 괴롭혔습니다.

이러한 여러 우여곡절에도 불구하고 자동차가 대중적으로 보급되면서 교통 법규는 사회 구성원 모두가 지켜야 하는 일반적인 룰로 정착하게 됐습니다.

09

영국은
왜 패배했는가

프랑스와 미국이 참여와 역할 분담 룰을 활용해 산업을 발전 시킨 반면, 영국은 반대로 룰이 산업 발전을 가로막았습니다. 왜 그렇게 되었을까요?

프랑스의 성공 요인으로 앞서 언급한 파리의 도로 사정을 꼽을 수 있습니다. 그러한 기반 시설도 중요한 요인 중 하나지만, 영국의 실패는 비즈니스 모델을 잘못 선택한 데 있다고 볼 수 있습니다. 영국은 자동차를 버스 사업에 처음 투입했습니다. 그래서 기존 마차 사업자와의 정면충돌이 불가피했습니다. 신생 사업자가 조직화한 기존 사업자와 대립할 때 이길 확률은 매우 낮습니다. 거니와 그의 동료들은 하원을 아군으로 만드는 데는 성공했지만, 상원의 방해를 받았습니다.

무엇보다 애당초 거니도 특별히 버스 사업이 좋아서 선택하지는 않았을 것입니다. 거니가 자동차에 탑재한 증기기관은 보일러가 가동되기까지 시간이 필요했고 작동도 불안정했습니다. 운행 중 몇 차례 폭발 사고를 일으키기도 했습니다. 이러한 증기자동차를 자가용으로 판매하기란 현실적으로 어려웠기에 어쩔 수 없이 여객 사업을 선택한 것으로 보입니다.

이유야 어찌 됐든 기존 사업자와 정면으로 대립한 영국 자동차 업계와 절대적인 지지층을 확보한 프랑스의 자동차 업계, 이 차이가 성패를 가른 것만은 분명합니다. 현대의 혁신 사례로 손꼽히는 우버Uber의 승차 공유 서비스 역시 불과 얼마 전까지만 해도 택시 사업자의 반발로 각국에서 고전을 면치 못했습니다. 그러나 온라인 음식 배달 서비스인 우버이츠Uber Eats는 배달원의 교통사고나 노동 환경 등에 대한 문제 지적이 있음에도 불구하고 사회에 잘 정착한 편입니다. 이 역시 경쟁 사업자가 있느냐 없느냐의 차이라고 생각합니다. (한국과 달리 배달대행사업이 활성화되어 있지 않았던 일본에서 우버이츠는 압도적인 시장 점유율로 배달음식 플랫폼 1위를 고수 중이다. – 편집자 주)

요즘도 벤처 사업 영역 중에서 규제가 있는 분야는 진입을 피하는 경향이 분명 있습니다. 그러나 이보다는 기존 업종과의 정면충돌을 피하고 공존 가능한 비즈니스 모델을 선택하는 일이 더 중요해 보입니다.

자신이 만들었든 아니든 무언가를 널리 알리고 퍼트리고 싶어
하는 마음은 인간의 근원적 욕구가 아닐까 합니다. 우리는 좋아
하는 음식점이나 연예인을 다른 사람에게도 알려주고 싶어 하지
요. 미디어가 탄생한 이유도 이러한 보급에의 욕구 때문인지 모
르겠습니다.

드 디옹 백작은 소비자 측의 참여와 역할 분담의 룰을 만들어
내는 데 탁월한 재능을 지닌 사람이었습니다. 그러나 백작은 제
조 측면의 참여와 역할 분담에는 별로 관심이 없었던 듯합니다.
그는 노동조합에게 요주의 인물로 간주되었고 그 자신도 노동조
합과 정면으로 대립했습니다. 그에 반해 미국의 올즈와 포드는
제조 측면에 참여와 역할 분담 룰을 도입했습니다.

미국은 소비 측면의 보급에 있어서도 프랑스의 장점을 모방했
습니다. 새로운 제품이나 서비스가 세상에 널리 보급되려면 일단
제품과 서비스의 질이 좋아야겠지요. 단, 좋은 제품을 만들었다

고 해서 저절로 알려지지는 않습니다. 새로운 제품이나 서비스를 널리 알리는 비결은 많은 사람을 참여시키고 각자에게 역할을 분담하는 것입니다. 비즈니스 세계에서 보급의 법칙을 가장 많이 사용하는 사례가 판매 촉진 분야일 것입니다. 광고 대행사 등은 참여와 역할 분담을 사용한 보급 룰 메이킹의 전문가라고 할 수 있습니다.

참여와 역할 분담이라는 룰의 요소를 지닌 스포츠로 자전거 로드 레이스가 있습니다. 로드 레이스는 팀전이지만, 다른 팀과 한데 뒤엉켜 집단으로 달립니다. 팀끼리 때로는 협력 관계, 때로는 적대 관계를 반복하며 질주합니다. 집단적으로 누구를 참여시키고 어떻게 역할을 분담할지가 전략의 큰 요소로 작용합니다. 프랑스의 자동차 경주 역시 당시 이미 인기 종목이었던 로드 레이스가 발전한 형태라 볼 수 있습니다.

참여와 역할 분담은 우리 일상에서도 찾기 쉽습니다. 회사에서 프로젝트를 진행할 때도 참여와 역할 분담이 중요합니다. 참여의 룰로는 모두가 자유롭게 발언하고 적극적으로 의견을 주고받는 분위기가 필요합니다. 단, 회의에서 나온 아이디어를 가지고 다음 단계로 나아가기 위해서는 어느 한 사람에게만 맡기지 않고 모두가 역할을 분담하는 것이 중요합니다. 최근에는 다른 여러 기업과의 협업 기회도 느는 추세이기에 참여와 역할 분담 룰의 중요성은 더욱 커지고 있습니다.

보급 룰에서 참여뿐 아니라 역할 분담이 중요한 예는 이외에도 많습니다. 예를 들면 어느 두 기업이 합병해 새로운 사명을 정하기로 했다고 합시다. 양쪽 회사 경영진은 서로를 견제하느라 좀처럼 적당한 사명을 찾지 못합니다. 고민 끝에 경영진은 양 사의 직원을 대상으로 사명을 공모하기로 의견을 모았습니다. 아마도 창조 룰의 발상으로 직원의 창의력을 자극할 수 있지 않을까 기대한 듯합니다. 그러나 안타깝게도 새로운 사명에 자신의 창의력을 발휘하고자 하는 직원은 거의 없습니다. 애당초 합병은 은밀하게 진행된 터라 직원 개개인은 합병에서 배제된 상태였습니다. 직원들에게 부여된 역할이 전혀 없는 상황에서 갑자기 동원된 직원들만 당혹스러울 뿐입니다. 결과적으로 이렇다 할 만한 아이디어는 나오지 않고 경영진 선에서 협의해 무난한 사명을 정하게 됩니다. 룰을 만들 때는 참여자의 동기 부여를 어떻게 강화할 수 있는지 파악하는 과정이 중요합니다.

창조 룰과 보급 룰로 새로운 비즈니스가 생겨나기 시작하면서 세계 각국은 자국의 산업을 발전시키기 위한 경쟁에 돌입했습니다. 그렇다면 새로운 비즈니스를 육성하기 위해서는 어떤 룰이 필요할까요? 우리가 다음 장에서 살펴볼 주제입니다.

사진: 위키디피아

Theodore Roosevelt
(1858-1919)

지원과 방임
: 기업을 육성하는 것은 규제인가, 자유 경쟁인가

"자유 없는 질서도, 질서 없는 자유도 똑같이 파괴적이다."

미국 26대 대통령인 시어도어 루스벨트 대통령의 말이다. 여섯 명의 자녀를 둔 대가족의 가장이었던 루즈벨트는 백악관에서 가족과 함께 지내며 대통령 직무뿐 아니라 가족과의 생활도 소중히 여겼다. 그는 자녀들에게 공정의 중요성을 강조했고 그 양육법을 정책에도 반영했다.

루즈벨트는 기업을 건실하게 육성하기 위해서는 지원과 방임이 모두 필요하다고 생각했다. 20세기 초 미국 경제는 눈부시게 성장하는 중이었다. 그러나 미국 기업들은 인수 합병으로 인한 기업집중이 계속되면서 거대기업의 폐해가 나타나고 있었다. 루스벨트는 기업 육성을 위해서는 자유경쟁이 중요하다고 강조하면서도 자유 경쟁을 보장하기 위한 개입도 서슴지 않았다.

01

중세의 엘리트 육성 룰이었던 길드

룰에 기반한 기업 육성은 중세부터 이뤄지고 있었습니다. 중세 유럽에는 전통적으로 길드라는 사업자 단체가 있었고, 아시아에도 중국의 행회行會, 일본의 가부나카마株仲間 같은 단체가 존재했습니다. 이들 사업자 단체는 모두 국가로부터 상업 독점권을 인정받았습니다.

길드에는 꽤 구체적인 룰이 있었는데, 조직 규정을 비롯해 도제 제도와 가격 협정 규정이 있었고 상품이

중세의 길드
중세 유럽에서 도시별로 결성된 관제의 산업별 조직. 무역 및 유통업계의 상인 길드가 먼저 발전하고 그 후 제조업계의 수공업 길드가 발전했다.

행회
중국 명대에 과열 경쟁의 폐해를 줄이기 위해 상공업자들이 결성한 동업 조직. 가격, 생산량과 품질, 영업 방식에 대한 룰 등을 조정해 공동의 이익을 도모했다.

가부나카마
일본 에도시대에 상공업자들이 막부로부터 독점적 상업권을 받아 결성한 동업 조합.

나 서비스 품질에 대한 기준이 정해져 있기도 했습니다. 현대로 말하자면 인허가·업법 규제부터 업계 단체 규정, 공정 경쟁 규약, 취업 규정, 인재 육성 지침에 이르는 광범위한 규정이 혼합된 성격이었습니다. 게다가 유럽의 길드는 일찍이 정치 참여권을 획득해 로비 활동을 하는 수준을 넘어 정치 조직에 가까웠다고 해도 과언이 아닙니다.

중세 길드의 룰에 근거한 기업 육성은 품질 유지와 산업 안전성을 중심으로 한 엘리트 육성 지원 체제를 갖추고 있었습니다. 길드 정회원이자 고급 기능인인 마이스터Master는 도제 시스템 아래 제자를 두었는데, 교육의 질을 유지하기 위해 대부분 2~3명으로 인원을 제한했습니다. 제자는 수년에 걸친 수련 기간이 끝나면 다른 지방에 가서 더 많은 실습 생활을 해야 했습니다.

수련을 마치고 돌아온 뒤에도 마이스터가 되기 위해서는 시험을 치러야 했습니다. 시험은 지정된 공간에서 작품을 제작하는 방식으로 매우 엄격하게 진행되었고, 시험장은 통제되어 다른 사람의 출입을 허용하지 않았습니다. 시험이 상당히 까다로웠기에 오랜 기간 기술을 습득했는데도 마이스터가 되지 못하는 직인(기술자)도 많았습니다.

고용인 신분으로 일하던 직인들은 이후 직인 조합을 결성해 마이스터와 노동 조건 등을 교섭하게 되었습니다. 이러한 길드 시스템이 가장 발달한 나라가 금속 가공업이 번성한 독일이었습니다. 그리고 품질 유지의 차원에서 시작되었던 이 시스템은 점차 기득권 보호의 성격이 강해져 갑니다.

02

내부에서 무너지기 시작한
길드

안정적인 비즈니스 육성 시스템이었던 길드도 점차 그 폐해가
나타나기 시작했고 비판의 목소리도 커졌습니다.

균열은 먼저 내부에서 생기기 시작했습니다. 길드 소속 마
이스터 가운데 경영에 재능이 있는 사람은 다른 마이스터에
게 일감을 주고 종속시켜 나갔습니다. 특정 길드가 다른 관련
길드를 지배하는 사태도 발생했습니다.

이렇게 길드의 룰이 점점 무너지는 가운데 길드 자체를 폐
지하려는 움직임이 일었습니다. 길드 룰을 처음으로 폐지한
나라는 역시 영국이었습니다. 3장의 창조 룰에서 우리는 영국
왕실이 특허 남발로 의회의 규제를 받게 되고 이를 계기로 특
허제도가 정비되는 과정을 살펴봤습니다. 영국 의회는 제임스

1세의 특허 남발을 막고자 1624년 특허 부여권을 제한하는 법을 제정했습니다. 이 법은 특허 부여뿐 아니라 길드를 포함한 모든 사업체의 독점권을 제한하는 법이었습니다.

하지만 찰스 1세가 이 법을 천시한 결과 청교도혁명이 일어나고, 마침내 특허 남발에 제동이 걸립니다. 그리고 그로 인해 길드의 비즈니스 독점권도 사라지게 됩니다. 이렇게 영국에서는 일찍부터, 서서히 길드의 특권이 폐지됐습니다. 그 결과 다른 나라와 같은 혼란을 겪지 않고 제도적 변혁이 진행되어 산업혁명의 기초가 마련되었습니다.

영국 산업혁명의 밑거름이 된 동인도회사, 특허제도, 길드 해체 모두 영국 왕실의 독점권 사업과 그 반동으로 발생한 룰의 결과였습니다. 영국 왕실이 탐욕에 물든 결과 영국이 세계 최첨단을 달리게 되었다니 참 아이러니한 일이지요.

영국이 산업혁명을 이루자 유럽 각국에도 길드가 산업 발전을 저해하는 걸림돌이라는 인식이 퍼졌습니다. 그중에서도 결투를 좋아하는 프랑스인은 극단적인 반응을 보였습니다. 당시 프랑스는 영국 산업혁명으로 생산된 값싼 면직물 제품이 수입되어 어려움을 겪고 있었습니다. 프랑스의 제3신분이라 일컬어지는 평민들은 '구체제(앙시앙 레짐Ancien régime, 프랑스혁명 때 타도의 대상이 되었던 절대왕정체제)'에 문제가 있다고 판단했고, 이를 타파하는 것이 가장 중요하다고 여겼습니다.

비판의 대상이 된 구체제에는 세상에 존재하는 모든 단체가 포함되었습니다. 극단적인 사고처럼 보이지만, 당시는 계몽주의에 기초해 개인의 존엄성을 외치는 자유주의가 팽배하던 시절이라 어떤 단체든 그 자체가 악으로 간주되었습니다. 그리고 악의 단체의 전형적인 예로 사업자 독점 조합인 길드가 지목되었고 공격의 대상이 되었습니다. 제3신분으로 구성된 국민의회는 1791년에 길드 폐지뿐 아니라 결성 자체를 금지하는 법안을 통과시켰습니다.

　프랑스의 길드 폐지와 영업 자유화 물결은 19세기 중반 유럽 각지로 퍼져나갔습니다. 이를 계기로 유럽 각국에서는 자유로운 사업 전개가 이루어졌습니다. 그리고 각국이 시행한 룰 메이킹은 각국의 산업 육성의 차이로 나타나게 됩니다.

03

독점 기업을 육성해
해외 시장 개척을 이어나간 영국

비용 대비 효과를 중시하는 영국은 육성 룰에서도 비슷한 경향을 보였습니다. 갖가지 독점권을 폐지하는 가운데 동인도 회사에 관해서도 마침내 해체 논의가 일었습니다. 실제로 동인도회사는 무역 독점의 폐해가 나타나면서 경영 위기에 빠져 있었습니다. 동인도회사의 독점권은 18세기 말부터 서서히 박탈당해, 회사 설립이 자유로워짐과 동시에 모든 권한이 사라지게 됩니다.

이렇게 보면 영국이 완전한 자유방임형의 기업 육성 룰로 전환한 듯 보이지만 실상은 그렇지 않았습니다. 영국은 특허회사라는 지역 독점 상사가 효용 면에서 뛰어나다는 사실을 잘 알고 있었습니다. 영국은 이후에도 오스트레일리아, 뉴질

랜드, 아프리카 같은 나라와의 무역을 위해 특허회사를 설립합니다. 요컨대 동인도회사와 동일한 수법으로 특권을 지닌 기업의 설립을 지원하고 해외 판로를 확보한 후 폐해가 생기면 해산시키는 전략을 유지한 것이죠.

해외 시장을 개척하려면 상대국과의 협상 등에서 강력한 힘이 필요할 때도 있습니다. 영국은 이런 개척기에는 자본을 집중한 독점 기업을 만드는 것이 유리하다고 판단했습니다. 영국이 구상한 필승 시나리오는 예상대로 맞아떨어졌습니다. 특권 기업인 특허회사에 자본을 집중해 해외 투자를 하다 보니 영국 내 노동자들의 일자리가 줄어들었고, 그 결과 거래 상대국으로 이주하는 사람들이 늘어나게 되었습니다. 영국은 이런 방식으로 상대국을 식민지화했습니다. 그로써 전 세계에 식민지를 둔 대영제국으로 불리게 됩니다.

04

적극적인 지원으로
브랜드 산업을 성장시킨 프랑스

브랜드화를 위한 룰 메이킹에 뛰어난 프랑스인은 쇼라면 무조건 대환영이었습니다. 4장의 칼럼에서 기술한 대로 패션쇼나 모터쇼 모두 프랑스에서 시작됐습니다. 만국박람회를 최초로 개최한 나라는 영국이지만, 19세기 후반 가장 자주 박람회를 개최한 나라 역시 프랑스였습니다.

파리 개조 사업을 단행한 나폴레옹 3세는 제1회 런던 만국 박람회가 개최되는 것을 본 즉시 파리 박람회 개최를 결정했습니다. 나폴레옹은 프랑스만큼 박람회의 본질을 잘 아는 나라는 없다고 생각했으며, 그의 눈에 비친 런던 박람회는 공산품 같은 시시한 물건만 늘어선 밋밋한 전시회였습니다. 그리하여 열린 제1회 파리 박람회는 예술적이며 쇼의 요소가 강하고 화려한 볼거리가 가득한 행사였습니다. 단순한 전시물이 많았던 런던 박람회와 비교해 파리 박람회에는 역동적인 전시물이 많았습니다. 이 박람회에서 처음으로 보르도 와인의 등급을 매긴 것도 나폴레옹 3세였습니다.

여기서도 효율을 중시하는 영국과 극적인 이벤트를 좋아하는 프랑스의 차이가 드러나는 듯합니다. 나폴레옹 3세는 강력한 리더십을 발휘해 파리 개조 사업, 만국박람회 등 산업 육성에 도움이 되는 플랫폼을 조성해 나갔습니다. 그는 이것을 '부드러운 전제專制 정치'라고 불렀습니다.

프랑스는 국가 차원의 세일즈 정책을 펼쳐 여러 산업을 육성했습니다. 특히 패션 등 고급 브랜드 산업을 이런 방식으로 키웠습니다. 그 결과 파리에서 루이비통이나 에르메스 등 세계적으로 손꼽히는 고급 브랜드가 성장했습니다. 참고로 루이비통은 제2회 파리 박람회에서 동상을, 에르메스는 제3회 파리 박람회에서 금상을 받았습니다. 에펠탑 역시 제4회 파리 박람회에서 공개됐습니다.

나폴레옹 3세는 새로운 사업이 순탄하게 성장할 수 있는 환경을 만들고자 관세를 인하하기도 했습니다. 그래서 파리의 소매점은 저렴한 해외 제품을 대량 들여와 판매할 수 있게 되었습니다. 그 덕에 쇼핑을 대표하는 아이콘인 갤러리 라파예트나 쁘랭땅 같은 유명 백화점이 탄생했습니다.

이처럼 프랑스는 마케팅 플랫폼을 중심으로 적극적인 지원을 펼쳤고, 그 결과 고부가가치 제품과 서비스를 판매하는 기업이 성장하게 됩니다.

05

길드 회귀를 지향하는
독일

정밀 기술의 육성을 선호하는 독일은 길드 시스템을 가장 사
랑한 나라입니다. 독일은 프랑스의 뒤를 이어 길드를 폐지했지
만, 점차 다시 부활시키기 시작했습니다.

신중한 성향이 강한 독일인은 주식회사 설립에도 신중했습
니다. 무엇보다 돈을 낸 사람이 모든 결정권을 가지는 방식이
독일인으로서는 이해되지 않았습니다. 자유방임식으로 회사
설립을 허용하는 것보다 어떤 형태로든 국가가 항시 기업을 지
원해야 건실한 기업을 키울 수 있다고 보았습니다.

길드가 해체되고 영업의 자유가 인정되자 독일 내에서도 철
도 건설의 필요성이 대두되었고, 철도 건설에는 많은 자본이
필요했기에 주식회사 설립을 허가하게 됩니다. 그러나 철도가

국가 정책 면에서 핵심적인 기반 시실이라고 생각한 독일은 이후 철도회사를 국유화하기로 결정합니다.

19세기 후반이 되어 독일에서는 중공업을 중심으로 산업 혁명이 일어났습니다. 중공업 역시 철도와 마찬가지로 대규모 자금 조달이 필요한 산업입니다. 이때에야 비로소 독일도 자유로운 주식회사 설립을 허용했습니다. 단, 그와 동시에 기업 간 가격 협정 등도 사실상 허용하게 됩니다. 즉 사적 길드의 형성을 인정한 셈입니다.

다음에 살펴볼 미국과 달리, 독일에서는 금융 논리에 의한 자본 집중은 크게 발생하지 않았습니다. 독일인에게는 기술이 무엇보다 중요했으며 금융의 논리로 모든 것이 결정되는 식의 자본 형성은 바람직하지 않다고 여겼습니다. 그래서 독일의 기업 간 협정에서는 노동자 측 의사를 수렴하는 시스템도 함께 정비되어 갔습니다.

길드의 부활로 기업 간 협정을 맺는 움직임은 시간이 지날수록 더 강조되었습니다. 최종적으로 세계 공황이 발생하자 독일은 오히려 산업별로 기업 간 협정을 강제하는 방향으로 나아가게 됩니다.

국가별 룰 메이킹 특징 ③
정밀한 룰을 선호하는 독일

독일인은 마이스터를 좋아합니다. 광산이 많은 독일에는 금속 가공업자를 비롯해 전문 기술자가 많았습니다. 그들은 기술적으로 뛰어난 사람들을 마이스터라 부르며 마이스터를 주축으로 한 전문가 집단인 길드를 형성했습니다.

길드는 유럽 각지에서 발달했는데, 그중 길드가 사회에 미치는 힘이 가장 강력한 나라가 독일이었습니다. 독일 길드의 마이스터는 사업 인허가를 받은 전문가의 수준을 넘어 존경받는 엘리트 명장이었습니다. 독일인에게는 비용 대비 효과나 브랜드보다 기술의 질이 더 중요했습니다. 그래서 룰 메이킹에서도 기술적으로 뛰어난 쪽이 승자가 되는 룰을 선호했습니다.

높은 기술 수준을 유지하려면 가급적 우연성은 배제하는 것이 좋습니다. 독일인이 선호하는 룰에는 우연성을 배제하는 엄밀한 규정을 통해 룰 적용의 공정성을 중시한 것이 많습니다. 이를테면 스포츠에서도 스키점프처럼 도움닫기 자세, 도약대 길이 등 정밀하고 섬세한 기술이 필요한 룰을 좋아합니다.

반면에 독일에서는 럭비의 인기가 신통치 않습니다. 축구는 영국, 프랑스와 함께 유럽 강호의 자리를 지키고 있지만, 럭비는 유럽 대회에 참가조차 하지 않습니다. 럭비가 홀대받는 이유 중 하나로 럭비공의 특성을 꼽을 수 있지 않을까 합니다. 타원형인 럭비공은 던지면 어디로 튈지 그야말로 예측 불허입니다. 물론 이것이 럭비의 재미 중 하나이기도 하지만, 독일인에게는 어디로 튈지 모르는 예측 불가한 럭비공의 특성이 기량과는 무관한 불공정한 요소로 보이는 게 아닐까 싶습니다.

자동차 산업의 여명기에 벤츠를 비롯한 자동차 개발자들은 자동차로 독일 내 공공도로를 달리는 데에 어려움을 겪었습니다. 당시 자동차는 예측 불가한 위험 요소가 너무 많았기 때문에 독일인 입장에서는 이를 룰로 정하는 것 자체가 모험이었습니다. 하지만 일단 자동차가 대중화되자, 뛰어난 기술력과 장인 정신을 발휘해 아우토반을 건설한 나라도 다름 아닌 독일이었습니다.

자유 경쟁을 위해
대기업에 개입한 미국

2장의 신용 룰에서 보았듯이, 19세기의 회사법 제도는 미국이 주도적으로 발전시켜 나갔습니다. 미국은 유럽과 달리 길드 해체라는 과제도 없었고 버블 붕괴의 공포도 경험하지 않았습니다. 그래서 미국의 산업 육성책은 보호 관세를 제외하면 방임에 가까웠지요.

미국은 남북전쟁 후인 1860년대부터 본격적으로 산업혁명이 시작되었는데, 유럽과 마찬가지로 1873년 불황을 겪습니다. 그리고 미국에서는 승자가 패자를 사들이는 일이 점점 더 많아집니다. 2장에서 언급한 대로 미국 증권거래소에서는 주식회사 상장이 활발하게 이루어졌습니다. 상장된 주식은 상대방 동의 없이 대량 매집이 가능했고, 당시 많은 철도회사의 주식이 이 방법으로 매입되었습니다.

상장주 외에 기업의 인수도 계속
진행되었습니다. 다양한 상품의 도매
사업을 하던 **존 록펠러**John D. Rockefeller
는 석유의 미래 가능성을 내다보고
석유정제 분야에 뛰어들었고 1870년
에 석유회사 스탠더드 오일을 설립합
니다. 록펠러는 기업 생존을 위해서
는 인수를 통한 규모 확대가 필수라
고 판단하고 대규모 증자와 밀어붙이
기식 종용을 통해 동종업계의 기업
을 끊임없이 인수했습니다.

1873년의 불황도 록펠러에게는 순
풍으로 작용했습니다. 덕분에 정유회사 22개를 40일 만에 인
수한 그의 저돌적인 행보는 '대학살'이라 불리기도 했습니다.
인수 제안에 응하지 않은 기업도 30여
곳이 있었지만, 대부분 나중에 파산했
습니다. 록펠러는 이후에도 여러 가지
수법으로 **기업 결합**을 추진했고 그 결
과 미국의 석유정제 및 판매망 대부분
을 산하에 거느리게 됩니다.

존 록펠러
미국의 사업가로 스탠더드 오
일을 창업했다. 스탠더드 오
일은 한때 미국 석유산업의
90% 이상을 장악했다. 한편
록펠러는 같은 부호였던 카네
기의 영향을 받아 자선 활동
을 펼쳤고, 록펠러 재단과 시
카고대학을 설립했다.

기업 결합
복수의 기업이 시장 지배나
경영 합리화 등의 목적하에
결합해 단일한 경영체제의
지배를 받는 것. 기업 결합의
유형으로 카르텔(기업 연합),
트러스트(기업 합병) 등이
있다.

이러한 거대 통합은 비단 석유업계에만 국한되지 않았습니다. 앤드루 카네기는 젊은 시절부터 고생해 모은 돈을 투자로 돌려 재산을 축적했습니다. 카네기는 남북전쟁 종료 후 제철업을 시작해 대성공을 거뒀습니다. 그리고 1873년 불황에 몇몇 동종업체를 인수한 다음 투자은행가 **존 P. 모건**John P. Morgan이 소유한 철강회사에 매각했고, 그로써 미국 철강 생산의 3분의 2를 지배하는 거대 철강회사 US스틸이 탄생하게 됩니다.

미국 각 주는 경제 발전을 위해 회사법을 정비했지만, 무서운 속도로 기업 합병이 진행되는 모습을 보면서 기업 간 담합에 의한 경쟁 제한(자원의 효율적 배분을 저해하고 소비자들의 선택의 폭을 축소시키는 일체의 경쟁 제한적 행위)을 위법이라고 판단하게 됩니다. 그리고 1890년 전후로 여러 주에서 경쟁 제한을 금지하는 법이 제정되기 시작합니다.

많은 주에서 경쟁 제한 규제법을 제정하자, 당연히 연방정부 차원에서도 규제를 논의하기 시작했습니다. 이때가 되어서야 자유방임주의를 유지하기 위해서는 어떤 형태로든 정부의 개입이 필요하다고 인식하기 시작한 것이죠.

존 P. 모건의 모건화
Morganization
전설적인 은행가 존 모건이 과도한 경쟁으로 파산 위기에 처한 철도업계 회생을 위해 실행한 재편과 통합, 부채 삭감을 결합한 구조조정 전략이다. 모건은 각 회사의 재무 상태를 분석해 적정한 채무 규모를 측정한 후 주식 교환 등을 통해 채권자를 설득했다.

하지만 규제법을 만든다는 큰 주제는 정해졌으나 구체적으로 어떤 행태가 위법적 경쟁 제한인지에 관해서는 정립된 바가 없었습니다. 중세부터 있었던 길드 등의 사업자 단체는 경쟁 제한뿐 아니라 품질 유지나 정치 참여, 기술자 육성 등 여러 기능을 해왔고, 그 기능이 모두 나쁜 것만은 아니었습니다. 기업 간 협력 행위도 어느 부분이 부당한 것인지 정의하지 않으면 규제법을 만들 수 없었습니다.

연방 의회에서는 여러 위원회가 조사를 거쳐 몇 가지 법안을 제출했지만, 어느 법안도 만족스럽지 않았습니다. 그런 가운데 공화당 상원의원 존 셔먼John Sherman이 수차례에 걸쳐 의회에 법안을 제출했고 1890년에 셔먼 독점금지법이 통과됐습니다.

"우리가 정치에서 왕을 인정하지 않듯이 생산과 운송, 판매에서도 이를 독점하는 왕을 인정하지 않아야 합니다."

당시 셔먼이 한 말입니다. 셔먼은 거대해진 기업이 왕과 같은 권력을 가지지 못하도록 규제해야 한다고 주장한 것이죠.

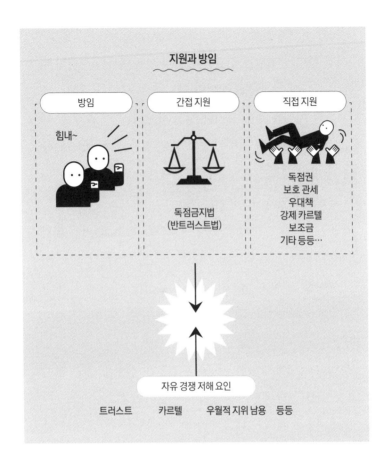

지원과 방임

방임	간접 지원	직접 지원

힘내~

독점금지법
(반트러스트법)

독점권
보호 관세
우대책
강제 카르텔
보조금
기타 등등…

자유 경쟁 저해 요인

트러스트   카르텔   우월적 지위 남용   등등

카르텔Kartell
동종 또는 유사 산업 부문에서 기업 간 협정으로 결성되는 기업 담합 형태. 협정으로 인해 일부 활동을 제약받지만, 법률적 독립성은 잃지 않는다.

트러스트Trust
동종 산업 부문에서 자본 결합을 중심으로 이루어지는 독점적 기업 합병.

07

'트러스트 버스터'라 불린
시어도어 루스벨트

그렇다면 셔먼이 발의한 법은 어떤 경쟁 제한을 위법으로 규정했을까요? 셔먼은 이 문제를 뒤로 미뤘습니다. 즉 무엇이 위법한 경쟁 제한인지 명확히 제시하지 않은 채 법을 만든 셈입니다.

셔먼 독점금지법은 사법부가 위법한 경쟁 제한인지 조사한 뒤 문제가 있다고 판단되면 법원에 소송을 제기하도록 했습니다. 모호한 법률 조항을 사람의 해석에 맡기면 그 판단에는 차이가 생기기 마련입니다. 심판관 역할을 맡은 사법부도 경쟁 제한 행위에 대한 이해가 불충분했기에 모호한 규정을 잣대로 호루라기를 불기란 좀처럼 쉽지 않았던 모양입니다. 그 결과 셔먼의 규제법은 시행 후 한동안 운용 건수가 늘지 않았습니다.

이 흐름을 바꾼 사람이 이 장의 첫머리에 등장한 시어도어 루스벨트 대통령입니다. 루스벨트는 경쟁 제한을 조사하는 전문 부서를 설치했습니다. 증권거래 규제 때도 그랬지만 심판이 잘 기능하도록 하는 비결은 전문성 강화입니다. 대통령의 지원과 전문 부서 창설로 규제법 적용은 점차 증가했습니다. 미국에서는 기업들의 독점적 합병을 '트러스트'라고 불렀는데, 이를 끈질기게 공격하며 타파하고자 한 루스벨트 대통령에게는 '트러스트 버스터Trust Buster', 즉 기업 합병 파괴자라는 별명이 붙었습니다. 규제법에 근거한 소송이 늘고 판례가 쌓이자 어떤 행위가 위법한 경쟁 제한인지 어렴풋이나마 그 룰이 보이기 시작했습니다.

루스벨트의 뒤를 이어 판사 출신인 윌리엄 태프트William H. Taft가 대통령에 취임하자 규제법에 근거한 공소 제기가 한층 증가했습니다. 그리고 마침내 록펠러가 쌓아 올린 스탠더드 오일의 위법 행위가 인정되고 분할 명령이 내려졌습니다. 이런 식으로 판례가 축적됨에 따라 모호했던 규제법을 좀 더 분명히 정비하고 심판관의 역할도 강화해야 한다는 의견이 나오기 시작했습니다.

태프트의 뒤를 이은 우드로 윌슨Woodrow Wilson 대통령은 독과점과 불공정 거래를 규제하는 독립된 전문기관으로 연방거래위원회를 창설하고 그 권한을 강화했습니다. 나아가 윌슨 대통령은 하원 사법위원회 위원장 헨리 클레이턴_{Henry Clayton}에게 경쟁 제한 행위를 보다 구체적으로 명시한 법안을 작성하도록 지시했습니다.

이렇게 만들어진 새 규제법(클레이턴 독점금지법)은 ① 가격 차별, ② 끼워 팔기나 배타적 거래(자기 외의 경쟁 사업자와는 거래하지 않을 것을 조건으로 하는 거래) 등을 구체적으로 금지하고 ③ 기업 합병 등에 일정한 제한을 두었습니다.

미국이 시행착오를 겪은 지점은 '시장에 소수의 사업자만 남는 과점 상태가 자유 경쟁을 저해하는가'에 대한 판단이었습니다. 연방거래위원회 초기에는 과점 자체를 문제라 여겨 정부가 적극적으로 개입해야 한다는 의견이 지배적이었습니다. 그러나 이후 경제 활동에 관한 연구가 진행되면서 과점 자체가 즉각적으로 문제를 일으키지는 않는다는 견해가 주류가 되었습니다. 그보다는 개별 안건별로 시장 지배적 지위에 의한 경쟁 제한 행위의 문제를 검토해야 한다는 쪽으로 운용 방식이 바뀌게 되었습니다.

08

규제 난립에서
규제 완화로

전 세계에서 산업혁명이 진행됨에 따라 각지에는 공장이 난립했고 그로 인한 다양한 사회 문제가 발생하기 시작했습니다.

우선 가장 큰 문제가 된 것은 노동 분쟁이었습니다. 산업혁명은 수많은 일자리를 만들어냈지만, 한편으론 열악한 환경에서 착취당하는 노동자도 늘어나 이에 저항하는 대규모 노동운동이 일어났습니다. 세계 각국은 이에 대한 대응으로 노동시간 규제, 해고 규제 등의 법을 제정함으로써 노사 관계 건전화에 힘썼습니다.

또한 산업화는 심각한 환경오염을 초래했기에 이를 막기 위한 여러 규제법이 제정되었습니다.

이 같은 안전 보호나 약자 보호에 관한 법률은 제2차 세계

대전 이후 속속 제정되었습니다. 규제법은 사업자에게 사업 자체의 인허가, 검사 의무, 보고 의무, 관리자 배치 의무, 대면 또는 서면을 통한 설명 의무 등 다양한 의무를 부과했습니다. 이러한 규제는 세상을 안전하게 만드는 데는 효과가 있었습니다.

하지만 수많은 규제가 생기자 이번에는 이른바 룰에 얽매여 옴짝달싹하지 못하는 문제가 발생하고 말았습니다. 규제로 인한 비용 증가와 효율성 저하가 경제에 미치는 영향을 무시할 수 없게 된 것입니다. 특히 인허가 문제가 골칫거리였습니다. 중세 길드에는 품질 유지 등의 기능이 있었는데, 여기서는 인허가 규제가 그와 같은 기능을 했다고 볼 수 있습니다. 그러나 길드에서 그랬듯이 지나치게 많은 인허가 규정은 경제 흐름의 경직을 초래했습니다.

이를 개혁하기로 마음먹은 사람이 미국 로널드 레이건Ronald Reagan 대통령과 영국의 마거릿 대처Margaret Thatcher 총리입니다. 두 사람은 과감한 규제 완화를 단행했고 이 움직임은 1980년대에 세계 각국으로 확산되었습니다. 미국은 항공, 은행, 전기통신, 운송 등의 분야에서 규제를 완화했는데, 특히 항공운송업 분야에서 대대적으로 시행되었습니다. 항공운송업을 감독하는 민간 항공위원회를 폐지한 것입니다. 민간 항공위원회는 항공업계 신규 인허가, 운임 규제, 합병 규제 등 광범위한 규제

권한을 가지고 있었는데, 자의적으로 운용하는 부분도 다수 있었습니다. 민간 항공위원회의 폐지로 이들 규제가 모두 철폐되면서 항공업계 신규 진입이 자유로워졌습니다.

성장 혹은 육성은 사람뿐 아니라 모든 동물의 근원적 욕구일 것입니다. 자녀 양육은 그 책임의 무거움과 더불어 부모에게 크나큰 기쁨을 줍니다. 누군가에게는 반려동물, 반려식물이 양육의 대상이지요. 우리는 일상 속에서 작은 화초를 가꾸는 것에서도 기쁨을 느끼곤 합니다.

　루스벨트는 트러스트 버스터라 불렸지만, 그가 대기업을 싫어한 것은 아닙니다. 그는 대기업뿐 아니라 모두에게 공평한 성장 기회가 주어지는 것이 미국 전체의 성장으로 이어진다고 믿었습니다.

　육성의 룰로서 소수 정예에 집중한 엘리트 육성 방식이 좋은지, 아니면 자유 경쟁 선발 방식이 좋은지는 영원한 화두일 것입니다. 스포츠 세계에서도 나라에 따라 엘리트 육성 방식을 취하는 나라가 있는가 하면, 자유 경쟁 선발 방식을 취하는 나라도 있습니다. 개개인의 육성도 마찬가지입니다. 개인의 장점에 집중해서 발전시키는 방법이 있는가 하면, 단점도 포함해 전체적으로 강화하는 방법도 있습니다. 그리고 이 두 가지 방법에는 지원과 방임이라는 시스템이 관련되어 있습니다. 엘리트 육성과 지원, 자유 경쟁과 방임은 비슷하면서도 다른 시스템입니다. 엘리트의 성장에는 방임이 꼭 필요합니다. 자유 경쟁을 활성화하기 위해서 지원이 필요할 때도 있습니다.

그리고 지원도 방임도, 모두 자립성을 높이기 위함임을 잊어서는 안 됩니다. 자립성을 잃을 정도의 지원은 과보호입니다. 한편 목표가 흔들릴 만큼 환경이 변하고 있음에도 그대로 방관하면 정체나 폭주를 초래할 수 있습니다. 자립성을 높이는 지원과 방임의 기준을 만드는 것이 육성 룰의 핵심입니다.

앞에서 살펴봤듯이 스포츠 육성 룰은 나라마다 제각각입니다. 자녀 교육도 육성 룰이 가장 많이 활용되는 부분입니다. 이번 장에서는 주로 기업 육성의 역사를 살펴봤지만, 인재 육성 역시 시어도어 루스벨트 미국 전 대통령과 그의 가족.
1903년.

사진: 위키디피아

지원과 방임 룰이 활용되는 매우 중요한 영역입니다. 그리고 인재 육성의 룰도 국가마다 유형이 다릅니다. 각자의 기술을 존중하면 서도 세밀하게 지원하는 독일형, 잘 나가는 엘리트 부문에 경영 자원을 집중 투입하는 영국형, 개별적인 육성보다는 동기부여를 위한 인프라 구축을 지원하는 프랑스형, 철저하게 완전 자유 경쟁을 지향하는 미국형.

참고로 룰보다 대의명분을 중요시하는 일본은 어떤 유형일까요? 전체 의식의 통일을 중요시하면서 정부 주도의 관치 방식으로 육성하는 유형이라고 할 수 있을 듯합니다.

한편 직원의 자유도를 전혀 보장하지 않는 사내 룰을 시행하는 회사도 많으리라 생각합니다. 이는 분명 룰이긴 하나 육성 룰이라 볼 수 없습니다. 자유로운 듯 보이지만 실제로는 전혀 자유롭지 못한 사례가 가장 골치 아픕니다. 이를테면 신사업 개발 부서는 자유롭게 사업을 개발하는 부서입니다. 그런데 실제로 사업

을 시작하려고 하면 재무 부서를 비롯한 기존 부서에서 리스크
가 크다는 등의 이의를 제기하는 경우가 다반사입니다. 신규 사
업이니 리스크가 있는 것은 당연합니다. 기존 사업의 룰을 그대
로 적용하려 한다면 새로운 사업은 시도조차 하기 어렵습니다.
그래서 신규 사업 개발 담당자들이 외롭게 기존 관행과 맞서 싸
우는 사례도 왕왕 있습니다.

성장에 꼭 필요한 자립성은 각자의 독립을 전제로 하고 있었습
니다. 그러나 이후 룰의 전제인 각자의 독립이라는 상황이 큰 변
화를 맞이하게 됩니다. 어떤 환경 변화가 있었는지 다음 장에서
살펴봅시다.

PART
6

Satoshi Nakamoto
(??-??)

게임 체인저의 등장
: 인터넷, 룰 메이킹의 흐름을 바꾸다

나카모토 사토시는 수수께끼의 인물이다.

실제로 존재하는지조차 분명하지 않다. 이 베일에 싸인 인물이 금융의 신용 룰을 파괴한 자가 되었다. 나카모토는 2008년 10월 인터넷에서 일대일로 유통되는 전자화폐 시스템에 관한 논문을 발표하고 이를 '비트코인'이라 명명했다. 그리고 약 두 달 뒤 실제로 비트코인이 발행되어 거래되기 시작한다. 추후 암호화폐, 가상화폐 등으로 불리는 이것은 인터넷에서 분산 관리되는 암호 묶음이었다. 그저 데이터의 나열에 불과한 거래 정보의 묶음은 튤립 구근과 같은 '실체'도 없었다. 아무 근거가 없는 데이터 덩어리가 통화로 사용될 가능성은 거의 제로에 가까워 보였다. 한동안 비트코인은 동료들끼리 재미 삼아 거래하는 놀이에 지나지 않았고 책정된 가격도 없었다.

그러나 이후 피자 매매에 사용된 것을 계기로 현실 자산과 거래되기 시작한다. 이윽고 거래소가 설립되자 비트코인 거래량은 급증했고 가격이 치솟았다. 현재 비트코인은 최초의 피자 매매 때보다 수백만 배의 가격으로 거래되기에 이르렀다.

폐쇄적 네트워크를 벗어나
독립적 삶을 지향하는 사람들

인터넷의 등장으로 룰을 둘러싼 환경은 급격히 변화했습니다. 이 격변을 살펴보기 전에, 룰을 둘러싼 환경 변화의 역사를 먼저 되짚어 봅시다.

1장에서 본 대로 중세는 도덕이 지배하는 시대였습니다. 룰 메이킹이 거의 없었고 도덕을 명문화한 법을 불가침의 가치로 여겼습니다. 오래된 법일수록 훌륭하다고 여겼기에 법을 바꾼다는 것은 허용되지 않았지요.

사람들이 모여 사는 중세 유럽의 도시는 성벽이라는 물리적 인프라로 둘러싸인 공간으로, 사방이 갇힌 좁은 세계였습니다. 도시 안에서 발생한 정보는 입소문이라는 네트워크를 통해 삽시간에 일파만파 퍼져 나갔습니다. 또한 도덕이 지배하는 세계에서 이를 거스르는 자는 성벽 밖으로 쫓겨나기도 했습니다. 도시 안에서 입소문으로 확산한 정보는 말이 말을 만들어내면서 좋은 쪽으로든 나쁜 쪽으로든 내용이 증폭됐습니다. 그 결과 마녀사냥과 같은 비극도 빈번하게 일어났습니다.

좁고 폐쇄적인 사회 구조는 전 세계적으로 화폐 유통량이 급증하고 산업혁명이 일어나면서 크게 바뀌었습니다. 돈만 있으면 원하는 건 뭐든 손에 넣을 수 있는 세상이 온 것이죠. 예전에는 성벽 밖으로 쫓겨나면 살아남기가 힘들었지만, 돈과 재화만 있으면 도덕 따위에 얽매이지 않고 독립적으로 살아갈 수 있게 됐습니다. 그야말로 돈만 많으면 새로운 성벽도 지을 수 있는 세상이 된 것입니다.

사람들은 도덕을 따르며 서로 돕고 살던 세상에서 벗어나 돈과 재화를 소유함으로써 독립적으로 살아가는 세상을 지향하기 시작했습니다. 시중에서 판매되는 상품은 각자가 독립해 살 수 있도록 만들어진 측면도 있었습니다. 전자제품은 가사 노동을 덜어 주었고 라디오, 스테레오, TV 덕분에 사람들은 집에서 오락을 즐길 수 있게 됐습니다.

시대가 변하자 사람들은 돈을 벌고, 새로운 것을 창조하고, 보급하고, 육성하기 위한 커뮤니케이션의 도구로 룰을 이용하기 시작했습니다. 룰이 지향하는 바 또한 사람들의 독립 그 자

체가 되었습니다. 사람들은 성의 주인인 왕의 지배에서 벗어
나 독립하고자 헌법이라는 새로운 룰을 만들었습니다. 이로써
평등한 선거권과 기회의 평등을 보장하는 룰이 만들어졌으며
여성의 자립 비율도 높아지게 되었습니다.

중세 성벽 네트워크 사회와
인터넷의 공통점

세상에 나온 초창기의 인터넷은 한정된 소수만 아는 커뮤니케이션 도구이자 놀이터에 불과했습니다. 그 후 컴퓨터가 대중화되고 인터넷과 연결되자, 인터넷 세계는 급속도로 팽창했습니다. 그리고 스마트폰이 보급되면서 거의 모든 사람의 일상이 인터넷으로 연결되기 시작했습니다. 중세의 폐쇄적인 네트워크와는 전혀 다른 새로운 네트워크 사회로 넘어가게 된 것이죠.

사실 인터넷으로 연결된 네트워크 사회와 성벽으로 둘러싸인 중세 네트워크 사회는 닮은 점이 있습니다. 중세 네트워크 사회는 외부와 단절되어 있고 성주의 명령이 절대적이었습니다. 성벽 안에서 발생한 정보는 눈 깜짝할 새에 온 마을로 퍼졌는데 심지어 없던 말이 새로 생겨나기도 했습니다. 성벽 안에는 절대성, 확산력, 증폭력이 있었습니다.

인터넷으로 연결된 네트워크 사회에도 이 같은 절대성, 확산력, 증폭력이 있습니다. 인터넷 세계는 프로그램 코드로 이루어져 있습니다. 만든 이의 명령을 충실히 실행하는 프로그램 코드는 권력이나 재량으로 다른 결과를 도출하는 것이 불가능합니다.

오픈마켓 플랫폼인 아마존이나 라쿠텐에서는 가격 협상을 할 수 있는 방법이 없고, 특수 계정을 만들지 않는 한 특혜를 받을 수도 없습니다. 페이스북이나 트위터 같은 사회관계망 서비스SNS에서 계정 정지를 당하면 천하의 대통령이라도 자력으로는 부활할 수 없습니다. 기본적으로 그 시스템을 만든 사람이 절대성을 가지고 있다고 할 수 있습니다.

또한 인터넷 내의 정보는 중세 성벽 네트워크와 비교도 되지 않을 만큼 빠르게 확산하고 증폭합니다. SNS는 이제 사람들의 사회 규범 형성에 막강한 영향력을 발휘하는 존재가 됐습니다. SNS를 통해 발생하는 악성 댓글이나 비방은 때때로 사람의 목숨까지 앗아갈 정도로 가혹하고 무분별합니다.

금융 시장은 이제 네트워크를 통한 초고속 거래가 당연한 일이 됐지만, 가격 변동은 나날이 복잡해져 때로는 사람이 예측할 수 없을 만큼 폭등과 폭락을 보이기도 합니다.

이처럼 중세 성벽 네트워크 사회와 인터넷 네트워크 사회는 공통점이 있지만, 당연히 차이점도 많습니다. 인터넷은 성벽 안과는 차원이 다른 거대한 가상 세계입니다. 사방 수 킬로미터 면적 안에 수만 명이 모여 사는 하나의 도시가 아니라 세계 각지에 퍼져 있는 전 세계 대다수 사람이 연결된 사회입니다.

또 인터넷은 중세 성벽 네트워크처럼 성 밖으로 쫓겨나면 홀로 살 수 없는 세계가 아닙니다. 각자의 선택에 따라 자유로운 출입이 가능하며 익명으로 소통할 수도 있습니다. 그 결과

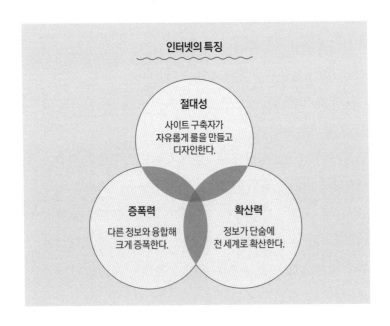

인터넷의 특징

절대성
사이트 구축자가
자유롭게 룰을 만들고
디자인한다.

증폭력
다른 정보와 융합해
크게 증폭한다.

확산력
정보가 단숨에
전 세계로 확산한다.

인터넷 네트워크 사회에서는 독립성을 유지하면서도 전 세계 수많은 사람과 다양한 정보나 대상을 손쉽게 공유하는 세계를 동시에 구현할 수 있게 되었습니다.

그에 따라 시중에 판매되는 상품과 서비스도 달라졌습니다. 얼마 전까지 독립적인 생활을 위한 물건에 둘러싸여 있던 사람들이 물건을 소유하는 것에 번거로움을 느끼게 되었고, 필요할 때 필요한 만큼만 이용하는 공유 서비스를 선호하게 된 것이죠.

성벽과 인터넷

	성벽 도시	인터넷 공간
절대성	물리적인 벽	프로그램 코드
확산력	좁은 도시 안의 소문	SNS와 플랫폼
증폭력	우물가에서의 열띤 숙덕공론	서버에서의 정보 축적

이렇게 인터넷이 사람들의 관계망과 행동을 확연히 바꿔 놓은 만큼 룰도 그에 맞춰 변화했습니다. 기존의 룰이 근본적으로 바뀌고 있다는 사실은 모두가 실감하는 바일 것입니다. 인터넷과 룰은 이제 떼려야 뗄 수 없는 관계에 있다고 해도 과언이 아닙니다.

지금부터는 5장까지 소개한 룰의 각 요소가 인터넷의 등장으로 어떻게 변화했는지 살펴봅시다.

03

안전감에서 기대치로 이동한
신용 룰

2장의 신용 룰은 기대와 안전감으로 만들어졌습니다. 그런데 인터넷 가상 세계가 이 기대와 안전감의 균형을 흔들어 놓았습니다. 인터넷의 증폭력으로 기대치가 안전감을 크게 웃돌게 된 것입니다.

기대치가 안전감을 극단적으로 상회한 사건이 나카모토 사토시의 가상화폐입니다. 안전감은 보통 자신이 투자한 물건의 최종 가치로 뒷받침됩니다. 가령 튤립 구근이라면 최종 가치는 꽃이 피었을 때의 아름다움일 테고, 기업이라면 해당 기업의 보유 자산일 수 있습니다. 국가가 발행한 화폐는 초기에는 금이라는 귀금속이 가치를 뒷받침했지만, 최종적으로는 국가 자체의 신용이 안전감을 보증했습니다.

반면 가상화폐에는 이런 것이 전혀 없습니다. 보증은커녕 가상화폐 기술을 개발한 나카모토 사토시가 실존 인물인지조차 불분명합니다. 굳이 말하자면 인터넷이라는 거대한 공간이 안전감의 근거가 된다고 할 수 있습니다. 사람들은 인터넷의 확산이 가져다주는 안전감을 기반으로 삼고, 동시에 그 증폭력이 주는 기대치에 끌리게 된 것입니다.

이 같은 신용의 유연화 흐름은 기업이 발행하는 마일리지나 포인트, 디지털 머니의 유동성도 높였습니다. 이들 포인트 등은 가상화폐와 상호 교환이 가능해지면서 국경을 초월해 유통되었습니다.

이런 변화는 통화의 세계뿐 아니라 일반 증권시장에도 영향을 미치고 있습니다. 튤립 구근 시절부터 지금까지 정규 증권거래소에 상장하기 위해서는 제대로 된 건실한 회사여야 한다는 조건이 붙었습니다. 건실한 회사로 인정받으려면 부채를 크게 상회하는 자산이 있어야 함은 물론이고 지속적으로 이익을 내는 것이 당연한 전제였습니다.

그러나 요즘은 흑자를 한 번도 낸 적이 없는 회사라도 수익화 시점을 늦추고 있을 뿐 가까운 미래에 수익 증가가 예상된다는 확신만 있으면 상장이 가능해졌습니다. 많은 인터넷 관련 기업이 적자가 계속되는 상황임에도 상장이 이루어지고 있습니다. 이 역시 신용 룰이 현재의 안전감보다 장래의 기대치로 이동한 움직임이라고 볼 수 있습니다.

안전감에서 기대치로의 이동은 지금도 진행 중입니다. 최근에는 어떤 사업을 할 것인지 정하지 않은 회사의 상장도 허용하는 추세입니다. 투자자들의 기대치는 회사 설립자의 능력과 커리어에 쏠리고 있습니다. 금융 상품의 복잡한 공개 자료를 검토하느니 경영자가 어떤 인물인지 확인하는 편이 알기 쉽다고 생각하는지도 모르겠습니다.

남해회사의 존 블런트가 이 이야기를 듣는다면 "지금이야말로 다시 한 번 상장에 도전해 볼만한 걸?" 하고 말하지 않을까요?

국가별 룰 메이킹 특징 ④

분해를 좋아하는 미국

신흥국 미국은 이민자의 나라였습니다. 유럽 각지의 사람들이 신 대륙으로 이주해 왔습니다. 비용 대비 효과에 대한 감각이 뛰어 나고 금융에 능통한 영국인, 극적인 전개를 좋아하며 마케팅에 뛰어난 프랑스인, 기술을 중시하고 예측 불가한 전개를 싫어하는 독일인 등 여러 국가의 사람들이 뒤섞인 인종의 용광로였습니다.

하지만 그처럼 각양각색의 사람들이 이주해 왔음에도 미국은 늘 인력이 부족했습니다. 광활한 토지와 풍부한 자원을 보유한 덕분에 비즈니스 기회가 풍부할지라도 일할 사람이 없으면 사업 은 시작조차 할 수 없습니다. 다양한 나라에서 온 한정된 인력으 로 사업을 일으키기 위해서는 묘안이 필요했습니다.

그 결과 미국인들은 특수한 룰 메이킹을 하게 됩니다. 미국 룰 메이킹의 특징은 기능 분해와 역할 세분화를 통해 최대 성과를 도출하는 것이었습니다. 미국인은 분해를 좋아합니다. 기계도 사물도 세밀하게 요소를 나눕니다. 이것이 기능 분해입니다. 그리고 분해한 요소마다 각각 담당을 배치해 역할을 세분화합니다. 한정된 인력 한 명 한 명의 재능을 최대한 끌어내기 위해 가장 잘하는 파트에서 일하도록 역할을 분담한 것이죠. 이를 통해 전체적으로 최대의 성과를 끌어내겠다는 것이 미국인들의 전략이었습니다. 이 중에서도 개인으로서 특히 뛰어난 성과를 내고 활약을 펼치면 영웅으로 칭송했습니다.

미국에서 탄생한 스포츠 중 대표적인 것이 미식 축구와 야구입니다. 두 종목 모두 선수들의 포지션과 플레이가 세세하게 나뉘어 있습니다. 방어율이 높은 투수, 홈런을 많이 치는 타자 등 각각의 성과를 수치화하고 그 수치에 근거해 영웅이 탄생합니다.

이에 반해 미국인에게 축구는 어수선한 스포츠처럼 보입니다. 물론 축구에도 포지션은 있습니다. 하지만 포지션이 유동적이라 미국인이 보기에 골키퍼 외에는 모두 같은 포지션으로 보일 수도 있습니다. 그리고 무엇보다 미국인은 쉴 새 없이 움직이며 진행되는 경기를 선호하지 않습니다. 영웅이 활약하는 순간을 놓치면 안 되는데, 그러려면 언제 화장실에 가야 하는지 가늠할 수 있어야 하기 때문입니다.

분해하기를 좋아하는 미국인의 이러한 성격은 제조 분야에서
도 여실히 드러났습니다. 미국인은 제조 공정을 세분화하고 부품
을 표준화함으로써 대량 생산 방식을 확립했습니다.

04

확산과 통제를
강화하는 도구

인터넷으로 인해 가장 극적으로 변화한 부분은 3장의 창조 룰이 아닐까 싶습니다. 창조 룰은 확산과 통제 두 가지 요소를 잘 활용하느냐가 성공의 비결입니다. 그리고 인터넷의 확산력과 절대성은 그야말로 확산과 통제를 위한 강력한 도구가 되었습니다.

그 결과 크게 달라진 것이 창조 룰로 확립된 지식재산권이었습니다. 그중에서도 특히 변화가 두드러진 분야가 글, 음악, 영상처럼 저작권으로 보호되는 콘텐츠였습니다. 인터넷이 보급되기 전 이들 콘텐츠는 개별적인 매체를 통해 확산했습니다. 글은 오랜 기간 책의 형태로 유통되었습니다. 음악은 처음에는 음표로 기록한 악보라는 매체를 통해 유통되다가 레코드가 발명되면서 음악 자체를 유통하는 식으로 바뀌었습니다. 카세트테이프를 거쳐 디지털 시대에 들어서면서부터는 CD 등의 매체가 대체했습니다. 영상은 창작 활동 그 자체인 회화에서 출발해 후에 사진과 필름이 탄생했고, 역시 디지털화가 되면서 DVD 등의 매체로 넘어갔습니다.

이들 개별 매체는 서점과 레코드 가게 등을 통해 유통되었던 반면, 인터넷 세계에서는 콘텐츠 배포가 순식간에 이루어집니다.

한편 한층 강력해진 것은 통제력입니다. 인터넷을 통해 유통되는 콘텐츠는 프로그램 코드로 복제를 방지할 수 있습니다. 인터넷상에서는 콘텐츠 공개 범위를 통제할 수도 있습니다. 콘텐츠 접근 자체를 계정에 따라 관리하고, 공개되는 콘텐츠를 세분할 수도 있습니다. 콘텐츠 열람을 원하는 이용자에게 사용료를 받거나 광고 매체 시청을 조건으로 설정하기도 합니다.

이렇게 강력한 확산력과 통제력 속에서 지식재산권은 점점 강화된 것이죠.

지식재산의
일반화

인터넷이 지식재산에 미친 영향은 단순한 강화에 그치지 않았습니다. 바로 '지식재산의 일반화'가 가능해진 것입니다. 특허나 저작권이 권리로 인정받기 위해서는 법이 정한 창의성을 충족해야 했습니다. 특정인에게 통제권을 부여하기 위해서는 창작물의 수준이 보호할 만한 가치가 있어야 한다고 생각한 거죠.

이에 반해 인터넷에서의 확산과 통제에는 그런 부분을 고려할 필요가 없습니다. 자신이 만든 콘텐츠는 어떤 것이든 스스로 자유롭게 제어할 수 있기 때문입니다. 현실로 확산되느냐의 여부는 열람자의 접속 여부에 따라 결정되었습니다. 그 결과 인터넷상에 있는 모든 콘텐츠가 지식재산이 될 수 있었습니다. 게다가 기존에는 지식재산권으로 보호하기 어렵고 사업으로 추진하는 데 위험 부담이 따랐던 콘텐츠도 상업화할 수 있게 됐습니다.

대표적인 예가 프로그램 코드 자체입니다. 프로그램 코드는 저작권이나 특허로 보호받기도 하지만, 철저하게 보호를 받느냐 하면 그렇지 않습니다. 특히 최근 급속도로 확산 중인 인공지능AI 등은 결국 숫자 덩어리에 불과한 만큼 특허권 등으로는 보호하기가 쉽지 않은 것이 현실입니다.

그런데 인터넷의 절대성을 활용한 통제는 이 문제를 해결할 수 있습니다. 아마존이나 라쿠텐 같은 전자상거래 사이트를 이용자가 마음대로 조작할 수는 없습니다. 마찬가지로 프로그램 코드에 의한 서비스를 인터넷을 통해 제공하면 이용자는 코드 자체를 열람할 수 없습니다.

또한 인터넷의 통제력은 익명의 창작자를 탄생시켰습니다. 창작자는 자신의 일상생활을 유지하면서도 인터넷 속에서는 전혀 다른 모습으로 자유롭게 창작 활동을 할 수 있습니다. 그 결과 누구든 지식재산 창작자로 활동할 수 있게 되었고, 콘텐츠도 매우 다양해졌습니다.

지식재산의 통합이 낳은
분배의 룰

인터넷이 가져온 지식재산의 또 다른 변화는 '지식재산의 통합'입니다.

독립적 삶을 지향하던 시대에 각 콘텐츠나 발명품은 개별적인 매체를 통해 유통됐습니다. 그러나 인터넷으로 콘텐츠가 유통되는 시대가 되고, 나아가 사람들이 물건을 소유하기보다 공유를 추구하기 시작하면서 콘텐츠의 유통 방식도 변화했습니다.

그중 하나가 구독 서비스입니다. 정기구독은 매월 일정액을 내고 콘텐츠를 무제한으로 즐기는 서비스입니다. 넷플릭스의 동영상 서비스나 애플뮤직의 음악 감상 서비스, 아마존 킨들 언리미티드의 전자책 서비스 등 다양한 분야에서 구독 서비스가 이뤄지고 있습니다.

이로써 지식재산권은 하나의 서비스로 제공되고, 이용자의 사용 빈도에 따라 권리자가 수익을 배분받는 구조가 만들어졌습니다. 이는 마치 런던의 출판업 길드 시대로 돌아간 것처럼 보이기도 합니다.

지식재산 통합의 움직임은 비단 콘텐츠 유통 분야만의 이야기가 아닙니다. 인터넷을 통해 다양한 서비스가 제공되고, 하드웨어가 인터넷과 연결되어 IoT(사물인터넷) 제품으로 이용되면서, 여러 관계사의 제작물이 합쳐져 단일 상품 및 서비스를 구성하는 사례가 많아졌습니다. 이쯤 되면 상품 및 서비스는 여러 관계자의 창작물이 섞인 지식재산 덩어리라고 봐도 무방합니다.

지식재산의 통합이 진행되자, 특정 룰 메이킹에 모두의 관심이 쏠렸습니다. '권리자가 여럿일 때 어떤 기준에 따라 수입을 배분할 것인가?'였습니다. 음악이나 동영상 같은 균일한 성격의 콘텐츠 구독이라면 열람 횟수에 따라 배분하면 됩니다. 그러나 어느 특정 상품 및 서비스가 프로그램 코드, AI 기술, 디바이스 회로 배치 등 균일하지 않은 성격의 여러 지식재산으로 구성된 경우에는 어떻게 배분해야 할지 문제가 까다로워집니다.

일단 고려할 수 있는 방법으로는 기여도가 있습니다. 해당 콘텐츠가 전체 상품 및 서비스 질 향상에 얼마나 기여했는지 따지는 게 기준입니다. 단, 기여도라고 해도 작업 시간으로 계산할지, 작업에 들어간 경비로 계산할지는 명확하지 않습니다.

다음으로는 필요도를 따질 수도 있습니다. 해당 콘텐츠가 사라지면 얼마나 곤란할지, 대체품은 있는지 등을 보는 것이죠. 하지만 이는 체감적으로는 알아도 객관적인 수치로 환산하는 일은 꽤 어렵습니다.

기대치 혹은 가능성 등도 생각할 수 있겠습니다. 해당 콘텐츠가 상품이나 서비스의 가치 향상에 얼마나 도움을 줄 것인가 하는 점입니다. 그러나 과거를 수치화할 수 없는 이상 미래를 수치화하기란 더 어려운 법입니다.

따라서 불균일한 지식재산 집합체의 수익 배분 기준을 정해야 한다면 현 상황에서는 기여도, 필요도, 기대치 등을 고려해 그때그때 논의로 결정할 수밖에 없는 게 현실입니다. 이처럼 지식재산의 룰은 지식재산 통합으로 인해 수익 배분의 룰이 중요해지고 있습니다.

07

플랫폼 기업과 빅데이터가
낳은 것

4장에서 보급 룰은 참여와 역할 분담이 핵심 요소임을 살펴 봤습니다. 그리고 인터넷의 확산력은 이 참여와 역할 분담에 매우 효과적인 도구로 작용했습니다.

인터넷이 발달하면서 **플랫폼 기업**이 성장했습니다. 플랫폼 기업의 사이트는 거대한 시장인 동시에 박람회장이었습니다.

이들은 단순히 참여를 위한 도구에 그치지지 않고 역할 분담의 체계도 갖추고 있습니다. 전자상거래 사이트의 구매 후기나 SNS의 '좋아요' 같은 댓글 시스템은 이용자에게 평가자 역할을 부여하는 전형적인 역할 분담 시스

> **플랫폼 기업**
> 구글, 아마존 등 인터넷을 기반으로 대규모 서비스를 전개하는 기업. EU를 비롯한 세계 각국은 개인정보 보호 등의 관점에서 플랫폼 기업에 대한 규제를 강화하려는 움직임을 보이고 있다.

템입니다. 이를 통해 전 세계 모든 사람이 참여와 역할 분담에 동참할 수 있습니다. 동시에 누구나, 드 디옹 백작도 놀랄 만큼 참여와 역할 분담을 유발하는 주체가 되는 것이 가능해졌습니다.

그중에서도 SNS는 가장 손쉬우면서도 활용도가 높은 도구입니다. SNS에 글을 올려 자신의 견해를 피력하면 '좋아요' 등의 댓글 시스템을 통해 순식간에 정보가 확산되고 다양한 역할의 사람들을 참여시킬 수 있습니다.

또한 증기버스 사업을 꿈꾸던 거니가 고생한 것과 달리 인터넷은 타 세력과의 충돌이 일어나기 어려운 공간입니다. 인터넷은 개방된 공간이기는 하나, 장소 선점과 같은 개념이 없어서 마차 사업자와 증기버스 사업자가 같은 도로를 달려야 하는 상황도 벌어지지 않습니다. 덕분에 인터넷 관련 사업은 인터넷 공간에서 실증 실험을 하면서 발전할 수 있는 비즈니스가 되었습니다.

한편 플랫폼 기업은 막대한 개인정보 데이터를 축적했습니다. 이 데이터를 AI 등의 신기술로 분석해 다양한 카테고리로 이용자를 분류하고, 개별적인 역할을 분담할 수 있게 되었습니다.

08

혁신 지원이 주축이 된
육성 룰

인터넷은 육성 룰에도 큰 영향을 미쳤습니다. 인터넷의 절대성, 확산력, 증폭력은 새로운 비즈니스를 창출하는 동력이 되었습니다.

먼저 SNS나 전자상거래 사이트 등이 성장했습니다. 이들의 특징은 빠른 성장 속도였습니다. 기업들은 절대성을 활용한 사이트를 구축하고, 확산력과 증폭력을 발판 삼아 단숨에 사업을 확장시키는 것을 노렸습니다. 이들 사업의 성공을 가늠하는 지표는 매출보다 사이트 방문자 수나 회원 수입니다.

인터넷 이전 비즈니스의 주역은 제조업이었습니다. 제조업은 대규모 설비 투자가 필요하고 개발에서 제조를 거쳐 매출이 안정되기까지 시간이 걸렸습니다. 그래서 정부는 자국의 제조업을 육성하고자 다방면으로 지원을 아끼지 않았습니다. 시작한 지 얼마 안 된 제조업은 저렴한 외국 제품과의 가격 경쟁력에서 이기기 힘든 만큼 외국 제품에는 높은 관세를 부과했습니다.

반면, 인터넷 비즈니스에 필요한 개발비는 제조업보다 적은 편이고 불완전한 상태에서도 일단 시작한 뒤 점차 업그레이드하는 것이 가능했습니다. 성장 속도가 빠른 인터넷 비즈니스 사업자는 정부 지원보다 방임을 원했습니다. 빠른 성장을 위해서는 불필요한 규제를 받지 않는 것이 중요했기 때문입니다.

여기에는 그들을 규제할 법이 없었다는 점도 있습니다. 대부분의 인터넷 사업은 SNS처럼 인터넷 공간에 한정된 비즈니스입니다. 전자상거래 사이트는 현실 사회의 상품을 거래하나 물품 판매업은 기본적으로 규제가 적은 비즈니스였습니다. 그래서 '최대한 규제를 피하자.'가 인터넷 사업자들의 기본 입장이었습니다.

인터넷 비즈니스는 점차 그 영역을 넓혀 가고 있습니다. 기존의 다양한 사업과 인터넷이 접목되면서 인터넷으로 서비스를 제공하는 사업자도 증가했습니다. 사업자 대부분이 개별 상품, 개별 서비스를 제공하는 방식에서 벗어나 네트워크형 비즈니스로 점차 전환하기 시작했습니다.

네트워크형 비즈니스가 확대되면 기존 규제와 무관하게 사업을 진행하기 어렵습니다. 사업자는 기존 룰이 자신들의 사업에 방해가 되어도 어쩔 수 없이 감내해야 하는 상황에 놓였습니다.

그래서 마침내 각 나라들은 신규 사업 성장을 위해 규제를 완화하는 방안을 고려하기 시작했습니다. 5장에서 각국의 규제 완화에 관한 이야기를 했는데 이때의 규제 완화는 규제 때문에 발생하는 민간과 행정의 비용 절감이 목적이었습니다. 하지만 네트워크형 비즈니스를 위한 룰 메이킹은 목적이 다릅니다. 이 룰 메이킹에서는 규제 완화가 필요할 때도 있고, 네트워크형 비즈니스에 맞는 새로운 규제를 따로 만들어야 할 때도 있습니다.

이렇게 각국은 네트워크형 비즈니스를 촉진하기 위한 룰 메이킹 경쟁을 벌이는 시대에 돌입했습니다.

국가별 룰 메이킹 특징 ⑤
룰보다 명분을 중시한 일본

유럽과 아시아는 룰을 대하는 자세가 조금 다릅니다. 아시아는 스포츠든 재판이든 무리해서 결판을 내기보다는 서로가 서로를 존중하고 협력하는 방식을 선호합니다. 그리고 룰 메이킹에서도 이러한 경향이 드러납니다.

일본은 몬순 기후의 영향을 받는 동쪽 끝에 자리한 나라입니다. 국토는 좁지만 온난하고 강우량이 많아 쌀농사에 적합합니다. 하지만 비가 많이 온다는 것이 꼭 좋은 것만은 아닙니다. 긴 장마와 여름부터 가을에 걸쳐 찾아오는 태풍은 종종 대규모 수해를 불러일으켰습니다.

논농사는 대량의 물이 필요하긴 하나 지력 소모가 적은 친환경 농법입니다. 다만 가파르고 험준한 일본의 지형을 고려할 때

수해를 막으면서 동시에 농업용수를 댈 대규모 관개시설을 만들기란 쉬운 일이 아니었습니다. 관개시설을 만들고 유지하기 위해서는 주변 지역민들의 단결이 필수였습니다. 이 같은 단결의 정신을 무시하는 일부 사람들 때문에 지역 주민 전체가 피해를 보는 일은 일본인들에게 가장 피해야 하는 사태였습니다.

그 결과 일본인은 룰을 지키는 것도 중요하지만, 그 이상으로 전체가 합의한 룰의 대의명분이나 이념 등을 중시하게 됐습니다.

주위 사람들과의 조화가 대의명분이라면, 일본인은 행여 그것이 룰을 위반하는 것이라고 해도 명분을 우선시하기도 합니다. 전형적인 사례가 교통 규칙입니다. 일본인은 자동차 운전 시 흐름을 중시합니다. 차 앞뒤 흐름이 균일하게 흘러가고 있으면 다소 속도 위반을 하고 있을지라도 무시하고 전체 흐름을 먼저 생각합니다.

횡단보도에서 신호는 빨간불인데 오가는 차가 전혀 없을 때 어떻게 행동하는지만 봐도 국가별 특징이 잘 나타납니다. 프랑스인은 당연하다는 듯 빨간불에 건너가고, 독일인은 당연히 멈춰서 신호를 지킵니다. 반면 일본인은 빨간불인지 아닌지보다 주변 사람이 어떻게 행동하는지 신경 쓰는 경향이 있습니다. 이런 일본인의 성격은 스포츠 선호에서도 나타납니다.

일본의 국기는 스모입니다. 일본인은 스모의 최고 승급에 오른 요코즈나橫綱에게 강인함뿐 아니라 대중에게 보여지는 품위 있는 모습도 요구합니다. 요코즈나는 우승을 못 해도 비난을 받고 경기를 쉬어도 비난을 받습니다. 경기를 쉬는 중에 놀러 다니기라도 하면 맹비난이 쏟아집니다. 또 우승했다고 하더라도 우승 방법이 요코즈나답지 않다면 역시 뭇매를 맞습니다. 일본인에게 요코즈나는 당연히 이겨야 하는 존재이며, 이기는 것 이상으로 중요하게 여기는 것이 품위를 지켜야 한다는 것이죠.

네트워크 사회에서
책임을 지는 방법

인터넷의 보급으로 새로운 네트워크 사회가 광범위하게 열리면서 각 룰의 규제와 페널티 적용에도 큰 변화가 생겼습니다. 독립적 삶을 지향하던 시대에는 사람들의 목표가 자립이었던 만큼 규제나 페널티를 적용할 때도 자기 책임이 전제였습니다.

그러나 네트워크 사회에서는 각 행위와 결과가 복잡하게 얽혀 있어 어떤 결과가 누구의 성과 혹은 책임인지 판단하기가 매우 어려워졌습니다. 축구 경기에서 골을 넣지 못했을 때 그 원인이 슛을 찬 사람에게 있는지, 그 전에 패스를 한 사람에게 있는지, 아니면 골대 옆에 있던 사람에게 있는지 책임 소재를 판단하기가 매우 어렵듯이 말입니다. 인터넷 네트워크 사회에서는 그와 비슷한 상황이 여러 분야에서 벌어졌습니다.

이런 문제가 가장 두드러진 분야가 바로 **자율주행** 분야입니다. 4장에서 제정됐던 교통 법규는 어디까지나 사람이 직접 운전하는 상황을 전제했습니다. 운전자 개인은 교통 법규를 준수할 의무가 있으며 이를 위반한 사람에게는 페널티가 부과됐습니다.

> **자율주행**
> 현재까지의 자율주행은 운전 보조 기능을 수행하는 정도가 일반적이다. 일정 조건에서 시스템이 모든 운전을 하는 레벨3의 자율주행을 허용하려면 도로교통법 등의 개정이 필요하다. 많은 나라에서 이를 허용하는 법 개정 움직임이 있다.

그런데 자율주행 차량의 운전은 AI가 판단의 주체입니다. 자율주행의 최종 목표는 사람이 전혀 관여하지 않는 완전 자동화의 구현인데, 이때 자율주행차가 교통 규칙을 위반하거나 교통사고를 일으킨다면 룰을 어떻게 적용할 것인지가 문제가 됩니다.

이때 현행법을 그대로 적용하면, 결과를 예측하고 상황을 피할 수 있었던 사람이 책임을 져야 합니다. 그러나 자율주행에 탑재되는 AI가 어떤 로직을 거쳐 상황 판단을 했는지는 AI를 만든 당사자도 알 수 없는 블랙박스입니다. 타고 있던 사람들은 운전대를 만지지도 않았고, 개발한 사람이 예측할 수 있었다고 보기도 어렵습니다. 지금의 법으로는 아무도 책임질 사람이 없게 되니 문제가 아닐 수 없습니다.

자율주행 시 발생한 교통사고의 책임을 누구에게 지울지 판단하기 어렵다면, 그다음으로 중요한 것이 피해자나 유족에 대한 대응 문제, 그리고 이러한 사고가 재발하지 않으려면 어떻게 해야 할지에 관한 문제입니다.

설령 아무에게도 책임을 묻지 못한다고 할지라도, 피해자나 유족이 받은 손해에 대해서는 최소한 금전적 보상이라도 이루어져야 함은 당연한 이야기일 것입니다. 따라서 일단은 자율주행 개발 기업이나 차량 소유자의 보험 가입을 의무화해서 피해자에게 충분한 보상이 이뤄질 수 있도록 하는 룰이 필요해 보입니다. 이미 영국 등은 자율주행차는 의무적으로 보험에 가입하게 하는 법 개정을 진행하고 있습니다.

또 사고 방지 대책에 관해서 개발자에게 사고 책임을 묻지 않는다고 하더라도, 재발 방지를 위한 원인 규명과 대책 마련에 협력할 것을 의무화하는 방법을 고려할 수 있습니다. 이처럼 자율주행 문제는 기존의 독립형 룰의 틀 안에서만 생각하기 어렵게 됐습니다.

네트워크 시대의 룰은 축구의 팀플레이처럼 '어떻게 하면 개인과 팀이 가장 효과적으로 움직일 수 있는가?'의 관점에서 생각해야 할 것입니다.

인터넷의 발달은 룰을 둘러싼 우리의 사고방식을 뿌리부터 변화
시켰습니다. 룰(법, 규제, 규칙…)이라고 하면 '속박'이나 '구속'의 이
미지를 떠올리는 사람도 많을 것입니다. 분명 룰에는 행동을 억
제하는 요소가 있습니다. 그러나 2장~5장까지 살펴보며 알게 되
었듯이 어떻게 활용하느냐에 따라 룰은 사람의 욕구와 재능을
꽃피우게 합니다.

다만 당시 사람들이 이러한 룰의 기능을 이해하고서 룰 메이킹
을 한 것은 아닙니다. 사람들은 룰의 의미를 정확히 이해하지 못
한 채 그때그때 독점권을 만들어 보기도 하고, 독점권을 부정해
보기도 하는 등 여러 시행착오를 거치며 룰을 형성해 나갔을 뿐
입니다.

룰의 실체를 어렴풋이나마 이해하고 룰 메이킹이라는 용어를
사용하게 된 지는 사실 근래의 일입니다. 계기는 인터넷이었습니
다. 인터넷의 절대성, 확산력 및 증폭력은 인간의 욕구를 꽃피우

게 하는 긍정적 측면이 룰 안에 있다는 사실을 일깨워 줬습니다. 비트코인을 세상에 내놓은 나카모토 사토시는 이러한 인터넷의 특징을 최대한 살린 도구를 만들어 신용의 룰을 뿌리부터 흔들었습니다. 나카모토 사토시가 만든 가상화폐는 단순한 프로그램 코드일 뿐이고 룰의 덩어리에 불과합니다. 그런데 이 룰 덩어리가 사람의 행동을 억제하기는커녕 신용을 극대화한 셈입니다.

인터넷을 활용한 룰 메이킹은 다양한 분야에서 활용되고 있습니다. 오늘날의 기업들은 수많은 시스템을 이용하는데, 시스템 대부분은 클라우드 서버로 관리됩니다. 사원은 개인 컴퓨터나 스마트폰을 통해 사이트에 접속한 뒤 여러 업무를 처리합니다. 시스템 관리자는 시스템 설정을 변경함으로써 사내 룰을 쉽게 바꿀 수 있습니다. 이러한 룰 변경은 보급하기 위해 노력할 필요도, 규칙 위반을 확인할 필요도 없습니다. 수많은 회사가 시스템이라는 프로그램 코드와 사내 룰을 적절히 결합해 기업 내 룰 메이킹을 할 수 있게 된 것입니다.

  룰 메이킹이 일상생활과 밀접해지면 룰 메이킹이란 무엇인지 좀 더 명료하게 알게 될 것입니다. 마지막 장에서는 룰의 역사를 총정리하는 의미에서 룰 메이킹의 전체상을 살펴보도록 하겠습니다.

룰의 탄생과 소멸
:룰은 나선형으로 다시 태어난다

룰은 우리의 욕망을 꽃피우기 위한 커뮤니케이션 도구다

사람은 룰을 이용해 놀고, 스포츠를 즐기고, 돈을 벌고, 창조 활동을 누려왔다. 때로는 계획적으로, 때로는 우연히, 때로는 고통스러운 과정을 거치며 룰은 탄생했다. 룰은 사람이 만드는 것이며 만드는 이에 따라 룰에도 개성이 담긴다.

세상에 나온 룰은 성장하고 변화한다. 사람들은 더 큰 즐거움을 위해, 이익을 위해, 더 효과적이고 안전한 방향으로 룰을 업그레이드해 나갔다. 그리고 인간의 삶이 그러하듯이 룰에도 끝이 있다. 더는 사람들이 사용하지 않아서, 룰의 대상 자체가 쇠퇴해서, 룰에 참여한 사람들이 쇠퇴해서 룰의 수명이 끝나기도 한다. 마지막 장에서는 지금까지 살펴본 룰의 역사를 되짚어보며, 룰의 탄생과 소멸을 들여다본다.

룰은
왜 만들어지는가

다시금 생각해 봅시다. 애당초 우리는 왜 룰을 만들어 왔을까요? 놀이나 스포츠라면 간단히 '룰이 있어야 재밌으니까'라고 답할 수 있겠지요. 그럼 놀이 외 영역에서의 룰은 왜 만들어졌을까요?

2~5장까지는 주로 비즈니스 관점에서 룰의 특성 전반을 살펴봤습니다. 2장의 신용 룰은 돈을 버는 것이 목적이었습니다. 5장에서 각국은 자국 기업을 육성하기 위해 다양한 육성 룰을 만들었습니다. 2~5장까지 다룬 '신용', '창조', '보급', '육성'이라는 네 가지 룰의 목적은 비즈니스에 없어서는 안 될 중요 요소입니다. 그리고 이 네 가지는 비즈니스에만 해당하는 것이 아니라 사람의 욕망 그 자체이기도 합니다.

각 장에서 소개한 룰은 사람들의 욕망을 꽃피웠습니다. 동인도회사는 대중의 안전감과 기대감을 부풀려 엄청난 돈을 모았습니다. 특허제도는 확산과 통제로 발명가의 창의력을 한껏 끌어올렸습니다. 즉 놀이든 스포츠든 혹은 다른 어떤 분야든, 그에 적용되는 모든 룰은 인간의 욕망을 자극해 꽃피우게 한다는 점에서는 같습니다.

이는 룰이 탄생하는 순간에도 공통적인 요소가 있음을 의미합니다. 그것은 바로 룰의 목적이기도 한 '찬란한 미래상'입니다. 동인도회사의 미래상은 동양과의 무역을 통한 부의 축적이었습니다. 자동차 산업의 미래상은 자동차로 사람과 물건이 신속하고 안전하게 이동하는 세계였습니다. 미래의 가능성을 발견할 때 인간의 욕망이 활짝 꽃피고, 그것을 실현하는 도구로서 룰을 만들 동기가 샘솟는 것입니다.

많은 사람이 함께 룰을 만들 때는 이 미래상을 공유하는 것이 매우 중요합니다. 이때 다른 성공한 사례가 있으면 이미지를 떠올리기 쉽습니다. 네덜란드와 영국은 포르투갈과 스페인의 식민지화와 교역의 성공을 보고 자신들의 미래상을 그렸습니다.

한편 자동차 같은 혁신적 대상을 전 세계에 알릴 때는 미래상을 새롭게 상상하는 수밖에 없습니다. 자동차 경주나 만국박람회 등의 놀이 요소는 재미도 있었지만 명확히 이미지화하기 어려웠던 미래상을 모두가 공유하는 데에도 큰 도움이 되었습니다.

미래상의 공유는 룰을 만들기 위한 토대가 되므로 관계자들 사이에 이견이 발생하면 룰 메이킹에도 지장이 생깁니다. 풋볼에는 '신사적 스포츠'와 '용맹한 스포츠'라는 두 미래상이 있었고, 마지막까지 두 미래상을 융합하는 데 실패했지요. 그 결과 사커와 럭비라는 두 가지 스포츠 룰이 탄생했습니다.

'찬란한 미래상'이야말로 룰 탄생을 위한 동력이라 할 수 있겠습니다.

02

룰은
파괴자의 손에서 탄생한다

'찬란한 미래상'이 룰을 탄생시키는 연료라고 해도, 이것만으로 룰이 저절로 만들어지지는 않습니다. 우리는 지금까지 다양한 룰이 탄생하는 순간을 살펴봤습니다. 그리고 룰이라는 것이 사람이 의도한 대로 만들어지지 않는다는 사실도 배웠습니다. 오히려 룰은 어마어마한 혼란 속에서, 혹은 사람들의 이해타산의 결과로 탄생했습니다.

사커와 럭비 룰은 각자가 고집한 독선적 사고의 결과라고 해도 과언이 아닙니다. 몰리는 통일된 풋볼 룰을 만들고자 했지만 뜻대로 되지 않자 자신에게 유리한 방향으로 회의록을 왜곡했고, 그 결과 생각지 못하게 두 스포츠의 룰을 낳은 장본인이 됐습니다. 동인도회사나 특허 룰은 일단 본래 목적대로 만들어지긴 했습니다. 다만 엘리자베스 여왕의 인색함이 결과적으로 룰 성공의 열쇠가 되었지요. 거기에 에드워드 코크의 기민한 처세술도 특허 룰 형성에 한몫을 했습니다.

반대로 정면돌파 전략으로 룰을 만들고자 했던 증기버스 사업자 거니는 마차 사업자와 영국 상원의 저항에 부딪혀 목적을 달성하기는커녕 붉은 깃발법에 의해 숨통이 막히고 말았습니다. 한편 프랑스의 드 디옹 백작은 엄청난 참여 유도 전략으로 자동차 산업을 일으켜 세웠지요.

이러한 사실을 볼 때 성공적인 룰 메이킹을 위해서는 미래상을 향한 순발력과 파괴력이 필요한 건지도 모르겠습니다.

03

참여자의 자유도가
룰의 재미를 좌우한다

사람의 독선적 사고가 룰 메이킹의 성공 요인이 된 것은 그것
이 룰에 자유도를 부여하기 때문일지도 모릅니다. 예를 들어
축구나 럭비에서 선수들은 누구나 필드 안을 자유롭게 뛰어
다닐 수 있습니다. 그런데 만약 안전상의 이유 등으로 모든 선
수가 정해진 장소에만 있어야 한다면, 마치 보드게임의 말처
럼 선수의 자유도가 낮아져 극히 따분한 경기가 될 수 있습
니다.

자유도는 찬란한 미래상을 실현하기 위한 '놀이 요소'라고
인식해도 좋습니다. 룰을 만들다 보면 아무래도 빈틈없이 고
정된 틀로 만들기 쉽습니다. 하지만 이런 룰에는 놀이 요소가
없기에 참여자로서는 흥미를 쉽게 잃을 뿐 아니라 활용도도

떨어지게 됩니다.

특허의 사례를 보면 엘리자베스 여왕이 독선적으로 결정한 덕분에 돈만 내면 특허 독점권을 받을 수 있었습니다. 돈을 내면 원하는 바를 얻을 수 있다는 자유도가 특허 성공의 비결이 된 셈입니다. 이에 반해 베네치아 등의 특허에서는 특허를 내 줄지 말지의 판단이 정부의 자유재량이었습니다. 축구의 골 판정이 심판의 자유재량이라면 더는 스포츠라 할 수 없겠지요.

'찬란한 미래상'을 실현하기 위해 룰을 활용하고자 할 때, 참여자의 자유도는 중요한 요소로 작용합니다. 하지만 다양한 사람들의 기득권이 뒤얽힌 사회에서 자유의 영역을 새로이 만들기란 의외로 어렵습니다. 영국 여왕 정도라면 독단으로 독점권 같은 자유 영역을 만들 수도 있겠지만, 보통은 거니처럼 기득권 세력의 방해를 받기 마련입니다.

04

모두가 받아들이기 쉬운
룰 메이킹

룰의 자유도를 높이기 위해 독단적으로 밀어붙이는 방법은 보통 사람이 하기에는 어려운 일입니다. 그래서 강제적으로 밀어붙이는 식이 아닌 다른 방법 몇 가지를 소개하려고 합니다.

① 특정한 영역에서의 룰 만들기

첫 번째는 타인에게 방해가 되지 않는 특정 영역에서 룰을 만들어 가는 방법입니다. 풋볼은 양 사육을 위한 목축지에 밀려 경기할 필드가 사라지자 퍼블릭 스쿨 내에서 활동이 이루어지면서 룰이 만들어졌습니다.

오늘날에도 퍼블릭 스쿨 안에서 탄생한 축구 룰처럼 특정 공간에서 룰 메이킹이 이루어지기도 합니다. 5장의 육성 룰에서 신규 사업부는 자유도가 낮다는 이야기를 했는데, 이러한 사태를 피하고자 신규 사업에 한정해 기존 사내 규정과 완전히 다른 별개의 룰을 만드는 회사도 있습니다. 일본에서는 이런 방식을 두고 에도시대 쇄국정책 시절 서양과 교류하는 유일한 창구가 되었던 나가사키의 인공섬 데지마에 비유해 '데지마出島'라고 부르기도 합니다. 이 방식은 신규 사업을 위한 육성 룰로서 많은 기업이 꾸준히 도입하고 있습니다.

국가 차원에서는 특구 제도라는 것이 있습니다. 특구 제도는 특정 지역에 특별한 룰을 설정하는 것을 인정하는 제도입니다. 1960년대 이후 아시아에서도 시작되어 일본도 2002년에 도입했습니다. 요즘에는 좀 더 유연하게 특정 장소나 시기를 구분해 정책 차원에서의 실증 실험을 하기도 합니다. 2014년 영국에서 시작된 **규제 샌드박스**Regulatory sandbox라는 제도는 일정 기간 기존 규제를 면제해 줍니다.

단, 이들 제도는 특허제도 도입 당시와 같은 문제를 안고 있습니다. 특구 지정 등의 제도는 특정인에게 특권을 주는 것인 만큼 불공평하다는 비판을 받을 수 있기 때문입니다. 엘리자베스 여왕과 같은 비판을 받지 않으려면 선정 과정에서 공정성을 어떻게 확보하

> **규제 샌드박스**
> 혁신 사업을 육성하는 데 지장이 되는 규제를 일시적으로 유예하는 방법으로, 정책 실험(실증)을 한 뒤 이를 바탕으로 사업화에 맞게 규제 개혁을 도모하는 시스템이다. 2014년 영국이 처음 도입했고 현재 많은 나라가 유사 제도를 마련 중이다.

느냐가 관건입니다.

② 이용자에게 위화감을 주지 않는 시행

두 번째 방법은 사람들이 크게 의식하지 않고도 룰을 지키게 하는 방법입니다. 이런 방법을 **넛지**Nudge라고 합니다. 넛지에서는 행동과학의 관점에서 인간의 심리를 분석해 '어떤 인센티브를 주어야 사람들의 행동을 목적한 대로 자연스럽게 이끌어낼 수 있을까?'를 생각합니다. 대표적인 예가 공중화장실 소변기 중앙에 있는 동그라미 표시입니다. 소변을 볼 때 무의식적으로 동그라미를 조준하게끔 유도해서 오염을 줄이고 화장실을 청소하는 수고를 던다는 취지입니다.

> **넛지**
> 영어로 '슬쩍 찌르다', '주의를 환기시키다'라는 뜻으로, 사람들의 선택을 유도하되, 직접적인 개입 없이 자발적으로 선택하도록 유도하는 방법을 일컫는다. 편의점에서 계산할 때 계산대 근처에 초코바 등 간단한 과자를 놓는 것도 넛지 마케팅의 일환일 수 있다.

이 책에서도 넛지 효과를 이용한 룰 메이킹이 몇 가지 등장했습니다. 4장에서 프랑스와 미국은 자동차 경주라는 형태로 자동차가 공공도로를 달릴 수 있게 했습니다. 카를 벤츠도 관청 직원을 맞이할 때 자동차를 이용함으로써 속도 규제를 무력화했습니다. 이처럼 사람들의 욕구를 적절히 자극함으로써 자유도를 높이는 것에 대한 불안을 잊게 만드는 방법은 지극히 넛지적인 사고라 할 수 있습니다.

경험해 보지 못한 전혀 새로운 룰을 만들 때는 놀이나 게임 요소를 잘 녹여내는 것이 성공의 비결이 되기도 합니다.

③ 룰의 영역에서 충돌이 일어나지 않도록 환경 정비

세 번째는 아예 처음부터 환경 자체를 정비해 룰 영역에서 분쟁이 발생하지 않게 하는 방법입니다. 4장에서 증기버스 사업자 거니는 마차 사업자와의 갈등 탓에 자유 영역 확보에 실패했습니다. 반면 프랑스의 자동차는 파리 개조 사업으로 정비된 포장도로 덕에 다른 교통 기관과 공존하는 자유 영역을 확보할 수 있었습니다.

단, 환경 정비에는 상당한 자금과 노력이 필요한 경우가 많아서 간단한 방법이라고 하기는 어렵습니다. 이 방법을 도입하려면 나폴레옹 3세가 말한 것처럼 '부드러운 독재' 식의 강력한 리더십이 필요하기도 합니다.

05

룰에 재미를
더하는 방법

룰을 성공적으로 만들기 위해서는 사람들의 욕구를 충실히 반영하고 자유도를 높이는 것이 중요합니다. 또한 참여 방식에 따른 재미를 조절함으로써 더 많은 사람이 참여하도록 만드는 것도 필요합니다.

룰은 참여 방식에 따라 크게 두 가지로 나눌 수 있습니다. 참여자들이 경쟁하는 방식인 경쟁형(경기형) 룰과 서로 협력해 무언가를 창조하는 방식인 목적인 협업형(협력형) 룰입니다. 스포츠로 말하자면, 발로 공을 차는 종목 중에 경쟁형인 풋볼과 협업형인 축국이 있는 것과 같은 구분입니다.

경쟁형 룰은 스포츠나 게임 룰이 전형적인 예이며 증권거래소의 룰 등도 여기에 속합니다. 경쟁형 룰 참여자는 룰을 지키지 않으면 자신이 원하는 것을 얻을 수 없으므로 아무 자극 없이도 룰을 준수해야겠다는 동기가 부여됩니다.

이때 각 참여자의 행동의 옳고 그름이나 경기 진행 방식에 대해서 시의적절한 판단과 진행이 필요합니다. 따라서 판단과 진행에 관한 세부적인 룰 설정이 매우 중요하며 심판 역할을 만드는 것이 관건일 때도 있습니다. 증권거래 규제도 그렇고 경쟁 제한 규제에서도 심판관 제도가 생기자 룰이 제대로 작동할 수 있었습니다.

협업형 룰은 참여자가 서로 힘을 합쳐 새로운 결과물을 창조하는 것이 목표입니다. 대표적인 예가 특허회사에서 출발한 회사 제도입니다. 이 룰을 활용해 시중의 자금을 대량 모집한 뒤 그 자금으로 대규모 사업을 추진할 수 있었습니다. 다양한 작품을 한데 모아 공개하는 만국박람회도 협업형 룰이라고 할 수 있습니다.

요즘은 세계적으로 다양한 협업이 느는 추세인데, 벤처기업과 대기업 등이 협력해 신상품을 만드는 오픈 이노베이션Open innovation 도 협업형입니다. 협업형 룰은 경기형과 달리 참여자 간의 상생을 지향합니다. 참여자의 규모가 성

> **오픈 이노베이션**
> 기업체가 핵심 기술 등을 가진 벤처기업 등 타 기업과 연계해 혁신적인 상품이나 서비스를 창출하는 전략. 신약 개발에 오랜 시간이 걸리는 제약업계 등을 중심으로 이루어지기 시작했으며, 현재는 많은 산업 부문에서 혁신 기법 중 하나로 자리 잡았다.

공 요인이 될 때도 많으므로 참여 장벽을 낮추는 일이 중요합니다. 회사 룰에서는 주주가 출자 이상의 책임을 지지 않는다는 것, 주식의 자유로운 양도를 허용하는 것 등을 규정화해서 투자 장벽을 낮췄습니다. 만국박람회에서는 특허로 출품자의 권리를 보호해 안심하고 출품할 수 있는 환경을 마련했습니다.

이처럼 경쟁형과 협업형은 룰 메이킹 시 주의해야 할 포인트가 다릅니다. 협업형에서 엄격한 진행 규정을 만들면 참여 장벽이 순식간에 높아집니다. 반대로 경쟁형에서 참여 장벽을 낮추려고 룰을 모호하게 만들면 권리 관계를 두고 참여자 간의 분쟁이 잦아져 룰이 제대로 작동하지 않습니다.

발로 공을 차는 놀이가 경쟁형인 풋볼과 협업형인 축국으로 나뉘듯이 모든 룰은 경쟁형과 협업형으로 변형하는 것이 가능합니다. 자동차 업계는 경쟁형인 자동차 경주와 협업형인 모터쇼 모두를 활용해 산업 부흥에 성공했습니다.

06

룰을 성실하게 지키는 사람,
룰을 악용하는 사람

시대를 막론하고 세상에는 룰을 잘 지키는 사람과 지키지 않는 사람 이렇게 두 부류가 있습니다. 3장에서 특허를 신청한 대장장이 존은 특허 룰을 성실히 지키는 사람 중 하나였지요. 그와 같은 부류의 관점에서는 룰을 지키지 않거나 빠져나갈 구멍을 찾으려고 애쓰는 사람을 이해할 수 없습니다. 1장에서 언급한 하위징아의 말을 빌리자면, 룰을 지키지 않는 사람은 '놀이의 세계를 파괴하는 자'인 셈입니다.

한편 룰을 지키지 않는 사람은 성실하게 룰을 지키는 사람을 재미없는 사람, 약간은 바보 같은 사람으로 치부하기도 합니다. 양쪽 다 서로를 잘 이해하지 못합니다.

룰을 지키는 사람에게는 그럴만한 여러 이유가 있습니다.

'룰을 지키는 건 공동체 속에서 사는 사람으로서 당연한 것이 니까', '룰을 지키면 더 재밌어지니까', '결과의 질이 높아지니 까' 같은 이유 말이죠.

마찬가지로 룰을 지키지 않는 이유도 다양합니다. '어차피 모두가 지키는 건 아니니까', '왜 지켜야 하는지 납득할 수 없 으니까', '룰을 바꾸는 게 더 좋은 결과를 낼 수 있을 것 같으니 까' 룰을 지키지 않는다고 말합니다.

각각의 주장은 공감되는 부분도 있는 한편, 심정은 이해가 되지만 논리적으로 동의하기 어려운 부분도 있습니다. 양쪽의 주장 중 어느 쪽이 더 합리적인지 판단하는 것은 큰 의미가 없 을 듯합니다. 그보다 중요한 것은 지금 잘 지켜지지 않는 룰이 라면 더 나은 룰로 변화할 여지가 있다는 것이며, 이를 위해 룰을 수정해도 된다는 점입니다. 실제로 스포츠 룰은 더 큰 재 미를 추구하기 위해 수시로 개정이 이뤄지곤 합니다.

다만 사회 규범이나 회사 룰이 흥미와 재미를 더하는 방향 으로 바뀌었다는 얘기는 좀처럼 들어본 적이 없습니다. 회사 에서 흔히 볼 수 있는 룰 변경의 내용을 예로 들면 다음과 같 습니다.

- 정보 유출 방지를 위해 파일 전송 서비스의 이용은 금하 며 USB나 CD-R로 우편 발송해야 한다.

- 향후는 네트워크를 통한 신청도 인성하나, 즉시 동일한 자료를 출력해 날인 후 제출해야 한다.
- 회의의 내실화를 위해 참석자는 의제마다 각자 의견을 발언하는 것을 원칙으로 한다.
- 업무 적정화 차원에서 각 업무 공정에 관해 상세 매뉴얼을 작성하고, 각 공정을 위반하지 않았다는 취지의 보고서 제출을 의무화한다.

스포츠 룰을 변경하는 것과는 달리 어쩐지 거부감마저 들기도 합니다. 찬란한 미래상도 전혀 느낄 수 없습니다. 도대체 이 차이는 무엇 때문에 생기는 걸까요? 이는 바로 룰을 바꾸는 방법에서 생기는 문제라고 할 수 있습니다.

07

룰의 튜닝,
트리밍 그리고 초킹

룰은 사람들이 이용하는 과정에서 내용이 조금씩 변화합니다. 특허는 재판을 거듭하면서 공개 제도와 명세서(특허 청구를 위해 특허 내용 등을 작성하는 문서) 관련 룰이 확립되었습니다. 그리고 디킨스가 쓴 대장장이 존의 이야기를 계기로 이용하기가 한층 편리해졌습니다.

이처럼 시행착오를 거치면서 목적에 맞게, 더 효과적인 방향으로 룰을 수정해 나가는 것을 저는 룰의 '튜닝Tuning'(조율)이라고 표현합니다.

한편 안전성 등을 고려해 참여자에게 의무를 지우거나 권리를 제한할 때도 있습니다. 이는 룰의 참여 자체를 촉진하는 것은 아니어서 튜닝과는 조금 다릅니다. 룰의 불필요한 부분이나 불확실한 영역을 없앤다는 의미에서는 룰의 '트리밍 Trimming'(잘라내기)이라고 불러도 좋을 듯합니다. 적절한 트리밍은 반드시 필요합니다. 트리밍을 통해 결과적으로 참여자를 늘리고 주위의 이해도 쉽게 구할 수 있습니다.

단, 트리밍은 룰의 자유도를 낮추는 행위입니다. 안전을 위해 자유도를 과도하게 축소하면 룰의 장점까지 죽이는 '초킹 Choking'(옥죄기)이 될 수 있습니다. 룰의 범위가 점점 좁혀지면 참여자의 자유도는 거의 사라지게 됩니다. 결국 참여자 입장에서는 그곳에서의 활동 자체가 고통스러워지고 효용성도 떨어져 참여가 줄게 됩니다.

설령 참여자가 줄지 않는다고 해도, 단지 형식적인 절차가 되어 버린 룰로는 바라던 효과를 얻기 힘듭니다. 그러다 보면 다른 곳에서 만들어진 룰에 사람들의 이목이 쏠리고 새로운 룰이 더 높은 효과를 내게 되면서 경쟁에서 밀려 버립니다.

프랑스의 자동차 산업은 판매 측면의 보급 룰에서는 큰 성공을 거뒀습니다. 그럼에도 후발주자인 미국이 제조 측면의 보급 룰을 극대화해 대량 생산 방식을 확립하자 순식간에 추월당했습니다. 오늘날에도 유서 깊은 기업이 경직된 사내 규칙을 고수한 결과, 룰이 유연한 신생 기업에 추월당하는 사례는 얼마든지 있습니다.

룰이 오랜 수명을 유지하기 위해서는 스스로 숨통을 옥죄지 않도록 주의하면서 적절한 튜닝과 트리밍이 이루어져야 합니다. 하지만 실제로 룰을 개정하다 보면 따분하고 숨 막히는 방향으로 흘러가기 일쑤입니다.

이를 막는 비결 역시 '찬란한 미래상'의 공유에 있습니다. 사람들이 룰을 개정할 필요가 있다고 느낀다면 거기에는 문제의식의 공유가 있기 마련입니다. 문제의식은 룰 개정의 동력이 되기도 하지만, 그것이야말로 룰을 따분하게 만드는 원흉이 되기도 합니다. 사람은 문제를 해결할 때 정형화되고 입증된 방식을 따르려는 경향이 있습니다. 이것이 룰의 자유도를 없애는 요인이 되는 것이죠.

이를 방지하려면 그 문제의식을 '찬란한 미래상'으로 바꾸는 과정이 필요합니다. 사람들의 의식을 미래로 향하게 함으로써 규칙의 자유도를 의식하게 하는 것이지요. 그다음에 튜닝과 트리밍을 생각하는 것, 이것이 성공적인 룰 개정의 비결이라고 할 수 있겠습니다.

국가별 룰 메이킹 특징 ⑥
'룰을 깨는 것도 룰'이라 여기는 중국

아시아의 대국 중국이 룰 이상으로 중요시하는 것이 있습니다. 바로 체면面子입니다. 체면은 개인의 능력이나 경제력에 관한 명예나 위신 등을 뜻합니다. 이를테면 중국인은 자신의 경제력이 어떠하든 무리를 해서라도 상대에게 푸짐한 식사를 대접하거나 선물하기를 고집합니다. 또 자신의 학력이나 재능을 부정당하는 것에 매우 예민하게 반응합니다.

중국은 광활한 대지와 풍부한 수자원 등 농업에 최적의 조건을 갖춘 나라입니다. 중국 역대 왕조는 이 풍요로운 나라를 다스리기 위해 거대한 관료 조직을 만들고 과거제 등의 관리 등용제도를 도입했습니다. 과거제는 신분이나 연고와 관계없이 시험으로 채용을 결정하는 제도입니다. 과거에 합격하면 지위와 권력뿐 아니라 가문 전체가 명예와 부를 얻을 수 있었습니다.

과거제는 신분에 구애받지 않고 응시할 수 있었기 때문에 중국인에게 과거 합격은 인생 최대의 성공이었습니다. 그 결과 중국인은 가문 차원에서 자녀 교육에 전념하는 경향이 생겼습니다. 그리고 그 일면으로 능력과 경제력에 대한 고집스러운 관념이 생긴 게 아닐까 합니다.

중국인은 체면을 매우 중시하기 때문에 룰보다 체면이 우선인 듯 보일 때도 있습니다. 그들은 좋은 쪽이든 나쁜 쪽이든 유연하게 생각하는 경향이 있는데, 마치 '룰을 깨는 것도 룰'이라고 생각하는 듯합니다. 속임수를 써서라도 과거에 합격하면 가문의 앞날이 평안할 것이라고까지 생각하는지는 모르겠지만 말입니다.

중국에서 인기 있는 스포츠 중에 탁구가 있습니다. 중국인의 탁구 사랑은 그저 경기를 관람하는 수준을 초월합니다. 중국에는 공원과 거리 여기저기에 탁구대가 놓여 있고, 남녀노소 불문하고 많은 이가 탁구를 즐깁니다. 중국인이 탁구를 좋아하는 이유도 체면과 관련 있는 듯합니다. 탁구는 테니스와 달리 테이블 위에서 이루어지기 때문에 코트 안과 밖의 구분이 명확합니다. 심판이 없어도 공이 코트에 들어왔는지 아닌지 판단이 명쾌합니다. 이기고 지는 기준이 모호할 경우 체면을 중시하는 중국인들은 패배를 인정하지 않고 다툼으로 번지기 쉽습니다. 이런 점에서 볼 때 탁구는 룰의 경계가 명확하기에 중국인의 마음을 사로잡은 건지도 모르겠습니다.

한편 중국의 축구대표팀은 좀처럼 전력이 강해지지 않는다는 평가를 받곤 하는데, 파울 등의 축구 룰은 어쩌면 중국인에게 너무 모호한 기준일 수도 있겠습니다.

08

룰 초킹을
방지하는 방법

그렇다면 룰을 숨통을 옥죄는 상황에 빠지지 않으려면 구체적으로 어떻게 해야 할까요? 여기에는 몇 가지 포인트가 있습니다.

① 사전 규제인가, 사후 규제인가

먼저 룰을 트리밍하는 방법입니다. 트리밍 방법은 크게 나누어 사전 규제와 사후 규제가 있습니다. 사후 규제는 법률로 치면 벌칙이고, 스포츠에서는 옐로카드 등의 페널티가 있습니다. 사전 규제의 전형으로는 인허가 제도를 들 수 있습니다.

둘 중 압도적으로 자유도를 떨어뜨리는 것은 사전 규제입니다. 스포츠 경기 전에 이 플레이를 해도 되는지 안 되는지 일일이 확인하는 절차를 거쳐야 한다면 경기를 치를 수 있을까요? 그것을 요구하는 것이 **인허가** 등의 사전 규제입니다. 5장의 규제 완화 부문에서 살펴봤듯이 인허가는 참여자의 자유도를 빼앗기 때문에 최소화하는 것이 바람직합니다.

> **인허가**
> 사업 활동 등을 위해 취득해야 하는 행정기관의 허가나 인하. 일본의 경우 인허가 건수는 매년 증가 추세이며 2002년 1만 621건이었던 인허가 수는 2017년에 1만 5,475건으로 늘었다. 인허가 수가 많은 행정기관 순으로 나열하면 교통성, 후생성, 금융청, 경제산업성이다. (우리나라로 치면 국토교통부, 보건복지부, 금융위원회, 산업통상자원부 또는 중소벤처기업부다. - 편집자 주)

② 심판원

또 한 가지는 심판원 제도의 마련입니다. 심판원은 룰에 따라 판정을 내리는 역할을 하되, 경기 진행을 방해하는 행위는 허용되지 않습니다. 이는 스포츠가 아닌 다른 영역에서도 마찬가지일 텐데, 현실에서는 심판의 지나치게 신중한 판단 때문에 참여자의 자유가 제한되는 경우가 많습니다.

이를 해소하는 방법 중 하나로 전문 부서 설치가 있습니다. 증권 규정이나 경쟁 제한 규제 룰에서는 전문 부서를 설치함으로써 효율적이고 효과적인 단속이 가능해졌습니다. 다만 전문화함에 따라 오히려 일을 너무 열심히 하게 되어 과잉 단속을 하는 폐해가 생길 수도 있습니다. 경쟁 제한 규제 룰을 만든 목적은 자유 경쟁 환경의 조성이었지만, 시간이 갈수록 규제가 강화되었습니다.

수단이 목적이 되지 않도록 미래상을 의식하면서 현재의 운용이 필요 이상으로 과도하지 않은지 항상 점검할 필요가 있습니다.

③ 룰의 복잡성

축구(사커)와 럭비는 하나의 놀이에서 갈라진 스포츠지만 경기 인구로 보면 축구가 압도적으로 높습니다. 럭비 팬이 축구 팬보다 적은 데는 럭비 경기가 지나치게 과격한 측면도 있겠지만, 복잡한 룰도 그 이유로 꼽을 수 있을 듯합니다. 축구 규칙은 17조로 이루어져 있는 반면, 럭비 규칙은 초보자가 이해하기 어렵고 심지어 럭비를 하는 사람조차 완벽하게 이해하지 못하는 경우가 적지 않습니다.

룰을 보다 쉽게 이용하게 하려면 '복잡함'의 정도가 관건입니다. 복잡한 룰은 참여를 줄일 뿐 아니라 참여자의 감각을 마비시키는 결과를 초래할 수도 있습니다. 금융 분야에서는 금융 기법이 복잡해질수록 증권 공개 규정도 복잡해졌습니다. 난해한 설명서가 붙은 난해한 상품을 사고파는 사람들은 점점 감각이 무뎌졌고, 결국 내용을 제대로 확인하지도 않고 거래하게 됐습니다.

룰을 다듬다 보면 아무래도 보완하고 또 보완하느라 내용이 복잡해지기 쉽습니다. 이럴 때는 일단 내용을 정리하고 단순화하는 방법을 고민해 봐야 합니다.

④ 신기술로 초킹 방지

근래 들어 새로운 기술을 이용해 룰의 초킹 현상을 방지하려는 움직임이 일고 있습니다. AI나 센서 기술이 눈부시게 성장하면서 이러한 기술을 사용해 단속을 자동화하거나 고도의 판단이 가능하게끔 만듦으로써 참여자의 자유도를 과도하게 제한하지 않는 방법이지요. 이를 규제의 정교화라고 부르기도 합니다.

예를 들어 출입국관리 분야에서는 이미 AI 안면 인식을 통해 출입국자를 식별하고 있는데, 그 덕에 예전보다 출입국 대기 시간이 대폭 개선됐습니다. 금융 분야에서도 AI를 이용함으로써 더 신속하고 고도화된 신용 판단이 가능해졌습니다. 공장 등에서는 위험 시설의 정기 점검 시에 운행을 정지한 후 검진을 해야 하는데, 센서와 AI를 이용한 상시 점검이 도입되면서 운행 정지 점검의 주기를 늘리는 사례도 있습니다.

한편, AI에 기반한 판단 자동화는 편리한 면이 있지만 AI가 우리의 안전을 위협하는 날이 오지 않을까 불안감을 느끼는 사람도 많을 것입니다. 다만 적어도 현재의 AI 시스템에서는 우려하는 문제가 일어날 확률은 적은 듯합니다. AI는 개발자

의도에 따라 학습하고 있기 때문입니다. 물론 AI가 개발자 의도에서 벗어난 판단을 할 가능성도 있음을 부정할 수 없습니다. 그러나 우리가 더 두려워해야 할 점은 AI에 숨겨진 개발자의 의도일 수 있습니다.

앞으로도 룰의 트리밍에 신기술을 활용하는 사례는 더 늘어날 것으로 보입니다.

09

룰 메이킹이 곧
비즈니스가 되다

인터넷은 기존의 룰 메이킹을 강화하고 그 폭을 넓혀 주었습니다. 그 결과 인터넷과 그와 결합된 룰 자체가 비즈니스를 구성하는 요소가 되었습니다.

지금까지의 비즈니스는 판매할 상품의 개발, 제조, 조달 등의 작업이 필요했습니다. 서비스에서도 필요한 테크닉을 갖춘 사람을 고용해야 했습니다. 그러나 인터넷 관련 비즈니스에서는 이런 부분이 필수가 아닙니다. 인터넷 환경과 룰의 설계 콘셉트, 사이트 구축 개발비만 있으면 기본적으로 누구나 사업을 시작할 수 있습니다.

즉, 룰 메이킹의 기술이 있느냐 없느냐가 사업의 성패를 가른다고 해도 과언이 아니게 되었습니다. 실제로 과거에 실패해 사라져 버린 인터넷 관련 사업을 들여다보면, 룰의 설계 개념이 엉성하지 않았나 하는 판단이 들 때가 있습니다.

단, 인터넷 관련 비즈니스는 수정이나 보완이 필요한 부분이 있다면 바로 수정할 수 있다는 장점이 있습니다. 하드웨어 제조에서는 이 같은 즉각적인 수정이 매우 어렵지만, 인터넷 관련 비즈니스에서는 오히려 완전하지 않은 상태로 서비스를 개시한 뒤 운용하면서 수정해 나가는 방식이 일반적입니다.

3장의 창조 룰에서 영국은 시행착오를 거듭하며 특허제도를 완성해 나갔다고 말한 바 있지요. 룰을 만드는 것도, 인터넷 관련 비즈니스도 시행착오를 겪으면서 추진해 나갈 수 있습니다.

룰은 나선형으로
다시 태어난다

모든 룰에는 수명이 있습니다. 룰을 조정하고 다듬고 때로는
과감하게 완화하더라도, 룰을 사용하는 사람들이 바뀌거나
룰의 목적이 달라지면서 룰 자체가 시대에 뒤떨어진 유물이 되
기도 합니다.

　룰의 일생을 간략히 정리하면 탄생, 확산, 조정 그리고 기
능 정지의 흐름을 거칩니다. 그러나 기능이 정지했다고 룰이
사라지는 것은 아닙니다. 룰은 다시 태어납니다. 룰은 목적을
지니며 도덕이나 돈, 그 밖에 다른 환경과 상관관계를 맺으며
만들어지기 때문입니다. 따라서 목적의 필요성이 바뀌거나
도덕, 돈, 환경 등이 변화하면 그에 맞춰 룰도 다시 태어날 필
요가 있습니다.

주식회사 제도는 동인도회사에서 시작되었습니다. 영국에서 성공을 거두면서 특허회사와 유사한 회사가 우후죽순 늘어났다가, 남해 버블 붕괴로 일단 종말을 맞습니다. 이후 풍부한 비즈니스 수요에 힘입은 미국이 회사 제도를 쉽게 부활시켰고, 1873년에 발발한 불황도 극복했습니다. 그러나 승승장구하던 미국도 월스트리트의 주가 대폭락으로 큰 타격을 입었고 증권 룰 정비에 나섰습니다. 하지만 이후에도 증권 시장은 주기적으로 폭락했고 그때마다 증권 룰은 더욱 엄격해졌습니다.

특허제도는 베네치아에서 보상제도의 일환으로 탄생했지만 널리 보급되지 못하고 사라졌습니다. 반면 영국에서는 특허 남용과 이를 저지하는 쪽이 대립한 결과 확산·통제의 룰로서 정비가 이루어져 영국 산업혁명의 원동력이 되었습니다.

자동차 산업에서는 마차 사업자와 룰 메이킹 대결을 벌인 영국의 증기버스 사업자가 붉은 깃발법이라는 공격을 받았습니다. 반면 프랑스의 자동차 산업은 독일과 역할을 나누고, 다수의 참여를 끌어내 역할을 분담케 하는 방법으로 자동차 산업의 선두에 섰습니다. 그러나 번영의 영화로움도 잠시였습니다. 제조 분야에서 참여와 역할 분담 룰을 극대화한 미국에 정상 자리를 넘겨주게 됩니다.

그리고 인터넷의 보급은 이 모든 룰의 전제를 근본적으로 바꾸어 놓았습니다. 그로 인해 많은 룰의 기능이 쓸모없어졌습니다.

다시 탄생한 룰은 이전의 룰과 완전히 같을 수 없습니다. 기본 구조는 비슷하지만, 내용 면에서 업그레이드된 사례가 많습니다. 즉 룰은 발전과 쇠퇴를 거듭하면서 나선형으로 진화하며 앞으로 나가는 셈입니다.

우리는 아이가 놀이 규칙을 고민하듯 새로운 룰을 고안하고, 즐기고, 따분해지면 다시 새로운 룰로 바꿀 수 있습니다. 새로운 룰을 생각하는 일은 새로운 소통 방식을 창조하는 일

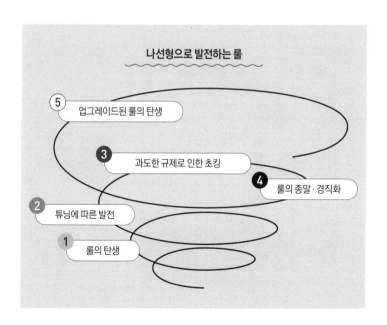

나선형으로 발전하는 룰

5 업그레이드된 룰의 탄생

3 과도한 규제로 인한 초킹

4 룰의 종말·경직화

2 튜닝에 따른 발전

1 룰의 탄생

이기도 합니다. 룰이 나선형으로 계속 발전하는 과정에서 우리 인생은 더욱 즐겁고 풍요로워질 수 있습니다.

룰,
욕망과 재능을 꽃피우게 하는
커뮤니케이션 도구

제가 법조계에 몸담게 된 계기는 젊은 시절 떠난 독일 여행이 었습니다. 당시는 동서 냉전의 상징이었던 베를린 장벽이 붕괴하고 분단 국가였던 독일이 통일되던 때입니다. 어린 시절부터 독일 전차를 유난히 좋아했던 저는 독일 통일의 역사적 순간을 직접 보고 싶은 마음에 기한도 없이 독일로 무작정 떠났지요. 그리고 서독의 거리를 배회하던 어느 날, 한 독일 대학생이 다가와 저에게 말을 건네더군요.

"지켜보니, 매일 이 근방을 할일 없이 돌아다니는 것 같은데, 도대체 뭘 하고 있는 거야?"

"일본에서 법을 공부한다고? 그럼 언젠가는 법조인이 되겠구나."

거리의 예술가 흉내를 내기도 하고 베를린 장벽 돌조각을 팔기도 하면서 시간을 보내던 당시의 저는 나중에 거리의 예술가가 되어 세계를 떠돌아 다녀야겠다는 막연한 공상에 빠져 있었습니다. 그런데 매일 베를린 장벽 앞에서 돌을 깎고 있는 제 모습이 무척이나 이상해 보였던지 궁금함을 참다못한 사람들이 질문 세례를 던지곤 했습니다.

그 독일 대학생이 진지한 얼굴로 던진 질문은 꽤 인상적이었습니다. 그의 논리적인 물음이 계속 머릿속을 맴도는 상태로 일본에 돌아온 저는 뒤늦게나마 법학서를 펼쳤습니다. 어린 시절부터 뜬금없는 말을 늘어놓기를 좋아하고 주위 사람들에게 엉뚱하다는 소리를 듣곤 했던 저에게 법학서는 그저 진부한 말만 가득한 책 그 이상도 이하도 아니었습니다.

하지만 독일 여행 이후 진지하게 법 공부에 몰입하기 시작했고, 대학원에 진학해 회사법을 연구했습니다. 당시 회사법은 버블 경제 붕괴 후 경제 재건을 목표로 한 대대적인 자유화 논의가 한창이었습니다. 이들 논의를 지켜보면서 과거의 법을 존중하는 권위적 사고와 법은 규칙화·절차화해야 한다는 도구적 사고가 한데 뒤섞여 있다는 생각이 들었습니다.

당시 제 머릿속에서는 이 둘의 관계가 명쾌하게 정리되지 않았습니다. 아니 애초에 저는 법 자체에 대해 계속 위화감을 가지고 있었습니다.

"법은 왜 이렇게 다 설교 같을까?"

방랑자 기질이 다분했던 제 눈에 법은 굉장히 권위적이고 강압적인 존재였습니다. 그 답답함 때문인지 회사법을 연구하는 동시에 회사 조직 자체를 연구해 보기로 했습니다. 심리학, 철학, 사회학, 역사 등 법과 관련 없는 책들을 샅샅이 훑으며 조직이란 무엇인가에 대해 계속 고민했습니다.

실무 세계에서 일하게 된 후에도 법과 조직에 관한 저의 연구는 계속되었고, 그 연구 끝에 도달한 하나의 답이 바로 이 책입니다.

"룰은 사람의 욕망과 재능을 꽃피우게 하는 커뮤니케이션 도구이며 법 역시 룰의 하나다."
"도구인 이상 설교 같은 법과 규칙, 룰은 바꿔도 된다."
"앞으로의 비즈니스는 커뮤니케이션 도구로서의 룰을 제대로 활용하는 사람이 성공할 것이다."

이 같은 깨달음을 널리 공유하고자 책을 집필했습니다. 종교 개혁을 일으킨 마틴 루터가 가톨릭교회의 권위적 방식을 비판했듯이, 이 책의 목표도 '룰 = 권위'라는 마치 교리와 같은 생각에서의 해방입니다. 그런 의미에서 이 책을 '룰 = 도구'라는 사고를 설파하는 포교서라 생각해도 좋겠습니다.

'룰 = 도구'라는 사고의 종착점은 저 혼자 힘으로 도달한 것이 아닙니다. 룰이라는 것은 법학을 전공한 제가 홀로 다루기에는 너무도 광범위한 영역에서 작동하는 모호한 존재였습니다. 이 책은 다음과 같은 분들과 연구 모임을 계속하며 얻은 성과입니다.

- 《부의 지도를 바꾼 회계의 세계사》(위즈덤하우스, 2019년) 등을 집필하며 다양한 매체에서 활약 중인 작가이자 회계사 다나카 야스히로 선생님.
- 라쿠텐대학(라쿠텐이 쇼핑몰 참여 기업에게 운영 노하우를 전수하는 공간 - 옮긴이 주)의 학장이자 팀 빌딩에 조예가 깊은 나카야마 신야 대표.
- 도쿄 패럴림픽 선수들을 배후에서 지원한 원탭스포츠의 하시구치 히로시 대표와 미야타 마코토 대표.
- 《THE 지방은행》(금융재정사정연구회, 2014년, 국내 미발간)의 저자로 금융청 고문 등을 역임한 다카하시 마사히로 컨설턴트.
- 그림책 번역 등 다방면으로 활약 중인 오카세 히로미 작가.

왠지 모르게 각 장의 풍경이 머릿속에 그려지는 멤버가 아닐까 합니다. 연구 모임과 병행해 다나카 야스히로 선생님, 닛케이BP사의 아카기 유스케 씨와도 수차례 검토했습니다. 그 결과 '룰은 사람의 욕망과 재능을 꽃피우게 하는 커뮤니케이션 도구다.'라는 하나의 결론이 나온 거지요.

단, 이 결론이 '룰 = 권위'라는 사고 자체를 부정하는 것은 아닙니다. 오늘날에도 가톨릭과 프로테스탄트가 공존하고 있습니다. 사커와 럭비도 서로 영향을 주고받으며 상호 발전하고 있습니다. '룰은 권위인가, 도구인가'라는 질문은 룰이 가진 두 가지 속성을 나타내는 질문일 뿐입니다. 룰은 어떻게 사용하느냐에 따라 '엄격한 권위'로도 '유연한 도구'로도 바뀔 수 있습니다. 이것이 룰의 재미있는 점이라고 생각합니다.

'룰 = 도구'라는 개념 자체는 현대에 와서 갑자기 튀어나온 것이 아닙니다. 엘리자베스 1세는 재정난 해소를 위해, 에드워드 코크는 자기 보호를 위해, 드 디옹 백작은 자동차의 장대한 미래를 열기 위해 저마다의 방식으로 룰을 이용했습니다. 현대 사회가 엘리자베스 1세 시대와 다른 점은 인터넷의 존재입니다. 인터넷은 룰을 위한 강력한 플랫폼이 되었고, 룰의 효용성은 과거 어느 때보다 커졌습니다.

4차 산업혁명 등이 화두로 떠오른 지금은 사이버 공간과 현실 공간이 융합하는 시대라고 말합니다. 이 사이버 공간과 현실 공간을 연결하는 포맷이 바로 룰이라고 할 수 있습니다. 그렇다면 SaaS Software as a Service(서비스형 소프트웨어) 모델 전성시대에서 룰은 비즈니스 모델 자체가 될 수 있습니다.

인터넷 사회가 발전하면서 룰 메이킹의 기회가 증가했습니다. 이전까지의 룰은 모두가 함께 내용을 정하고, 알리고, 지키게끔 하는 활동이 필요했습니다. 반면, 인터넷 공간을 활용한 룰은 프로그램 코드만 가지고도 만들 수 있습니다. 나아가 기존 응용 프로그램의 설정만으로 훌륭한 룰이 될 수도 있습니다. 응용 프로그램의 설정으로 룰 메이킹이 가능하다는 말은 스마트폰만 있으면 쉽게 룰을 만들 수 있음을 의미하지요.

그리고 또 한 가지 중요한 사실이 있는데, 특정 상황에서 문제 없이 작동한 룰은 전혀 다른 세계에서도 잘 운용된다는 점입니다. 서두에 기술한 대로 애당초 룰은 법에서부터 사적 규칙에 이르기까지 인간이 영위하는 모든 삶의 영역에 관여합니다. 다양한 영역에서 만들어진 룰은 인터넷을 잘 활용하면 타 영역으로도 쉽게 전이될 수 있습니다.

페이스북을 만든 사람은 마크 저커버그Mark Zuckerber입니다. 그가 개발한 프로그램은 원래 대학 내 커뮤니티용 도구였고 그 프로그램을 기반으로 페이스북을 설립했다는 이야기는 잘 알려져 있지요. 요컨대 지금은 한정된 범위에서 룰을 시범 운영해 보고 성공적으로 운영되는 룰은 범위를 넓혀 확장하는 등의 시도를 자유롭게 할 수 있는 시대라는 것입니다. 나만을 위해 만든 개인 룰이나 동료들끼리 합의한 룰이 점점 영역을 확대해 혁신적인 비즈니스 모델에 되는 일도 충분히 있을 수 있습니다.

룰 메이킹에는 특별히 거창한 징비가 필요하지 않습니다. 저커버그 같은 프로그래밍 능력이 없어도 기존의 응용 프로그램을 활용하면 어느 정도 정밀한 룰을 만들어 볼 수 있습니다.

중요한 것은 어떤 구조로 만들어야 대중의 욕구와 재능을 자극할 수 있을지 파악하는 관찰력과 안목입니다. 이 책에서는 욕구와 재능을 자극하는 메커니즘으로 신용, 창조, 보급 및 육성의 룰을 소개했지만, 이 밖에도 여러 메커니즘이 있을 것입니다. 인간의 욕구와 재능은 무한하니까요.

이러한 욕구와 재능이 어떤 메커니즘에서 어떻게 반응하는지를 연구하는 것, 이것이 룰 메이킹의 매력이자 여러분의 비즈니스 기회를 만드는 단초가 되리라 확신합니다.

2022년 1월

이토 다케루

참고문헌

PART 1

- 山本浩,『フットボールの文化史』, 筑摩書房, 1998.
- 吉田文久,「英國イングランドに残存する民俗フットボールについて-その多様性と類似性及び変容-」,『日本福祉大学研究紀要-現代と文化』, 第135号(2017).
- 新井博也,『新版 スポーツの歴史と文化』, 道和書院, 2019.
- 요한 하위징아,『호모 루덴스 놀이하는 인간』, 연암서가, 2018.
- 로제 카이와,『놀이와 인간[(Les)jeux et les hommes]』, 문예출판사, 2018.
- 光安徹,「中世イングランドにおける決闘裁判」,『成城法学』, 42号(1993).
- 山内進,「中世ヨーロッパの決闘裁判-当事者主義の原風景」,『一橋論叢』, 第105巻第1号(1991).
- 董海隣,「東洋社会における古典的な裁判外紛争処理の理念についての一考察」,「広島法学』, 42巻2号(2018).
- 藤木久志,『戦国の作法 村の紛争解決』, 平凡社, 1987.
- 中田一朗(訳),『ハンムラビ「法典」』, リトン, 2000.
- 明石欽司,『ウェストファリア条約-その実像と神話』, 慶應義塾大学出版会, 2009.
- 園尾隆司,『民事訴訟・執行・破産の近現代史』, 弘文堂, 2009.
- Adrian Harvey(2005), Football: The First Hundred Years: The Untold Story, Routledge.

PART 2

- 마이크 대시,『튤립, 그 아름다움과 투기의 역사』, 지호, 2002.
- ジョン・ケネス・ガルブレイス(John Kenneth Galbraith)/鈴木哲太郎(訳),『新版 バブルの物語(A Short History of Financial Euphoria)』, ダイヤモンド社, 2008.
- 찰스 맥케이,『대중의 미망과 광기』, 필맥, 2018.
- 吉村文成,「利息を禁止した宗教の知恵-おカネと資本についての一考察-」,『国際文化研究』, 第11号(2007).
- 吉森賢,「フッガー家の公益活動と経営戦略」,『横浜経営研究』, 第33巻第4号(2012).
- 浜渦哲雄,『イギリス東インド會社·軍隊・官僚・總督』, 中央公論新社, 2009.

- 浅田實,『東インド会社 巨大商業資本の盛衰』, 講談社, 1989.
- 田淵保雄,「1602年のオランダ東インド会社の特許状について」,『東南アジア-歴史と文化-』, No.3(1973).
- 中條秀治,「『組合型』企業としてのオランダ東インド会社-大塚久雄『株式会社発生史論』の再検討(3)-」,『中京経営研究』, 第26巻(2017).
- 奥隅栄喜,「株式会社の起源としてのオランダ東インド会社-株式会社の本質を求めて-」,『明大商學論叢』, 第73巻第1号(1990).
- 中野常男,「株式会社と企業統治:その歴史的考察-オランダ・イギリス両東インド会社にみる会社機関の態様と機能-」,『経営研究』, 第48号(2002).
- 羽田正,『興亡の世界史 東インド会社とアジアの海』, 講談社, 2017.
- 杉浦正和,「非合理的過信と合理的背信の間:南海会社・南海計画・南海泡沫事件と直接的再帰性」,『早稲田大学WBS研究センターワーキングペーパー』, 2010(2010).
- 鈴木俊夫,「『泡沫会社禁止条例(Bubble Act)』に関する一考察」,『三田商学研究』, 第19巻第4号(1976).
- 浜田道代,「株式会社という仕組みは、どこから来て、どこへ行くのか」,『法政論叢』, 第66・67号併号(2017).
- 田中良三,「英国社会法における監査制度の系譜」,『商学討究』, 第30巻第4号.
- 高山朋子,「フランス証券市場の生成・発展過程について:その株式会社との関わりを中心にして」,『經濟學研究』, 第24巻第4号(1974).
- 公益財団法人日本証券経済研究所編,『図説 アメリカの証券市場 2019年版』, 公益財団法人日本証券経済研究所, 2019.
- 山本紀生,「アメリカ証券諸法開示規制とGAAP(1)-SECの創設-」,『国際研究論叢』, 第20巻第2号(2007).
- 山本紀生,「アメリカ証券諸法開示規制とGAAP(2)-SEC開示規制のフレームワーク-」,『国際研究論叢』, 第21巻第2号(2008).
- 畠山久志,「アメリカにおけるインサイダー引取規制の変遷について-オヘーガン判決にみるインサイダー引取規制の論理-」,『熊本学園大学経済論集』, 第12巻第1・2号(2005).
- 小立敬,「サブプライム問題と証券化商品の格付け-米国SECの格付け機関規制の見直しとその背景-」,『資本市場クォータリー』, 2008Summer(2008).

PART 3

- 田中一朗, 「ヴェネツィア特許法と技術導入」, 『技術と文明』, 17巻2号 (2012).
- 石井正, 『知的財産の歴史と現代-経済・技術・特許の交差する領域へ歴史からのアプローチ』, 発明協会, 2005.
- 石井正, 『歴史のなかの特許-発明への報奨・所有権・賠償請求権』, 晃洋書房, 2009.
- 石井正, 「特許廃止論から国際特許制度への転換の時代-ウィーン国際特許会議の前夜-」, 『パテント』, Vol.61, No.1 (2008).
- 今村哲也, 「イギリスにおける特許代理人の起源とその制度的背景」, 『パテント』Vol.56, No.10 (2003).
- 白田秀彰, 『コピーライトの史的展開』, 信山社出版, 1998.
- 園田暁子, 「1830年代から1960年代にかけての国際著作権法整備の過程における著作権保護に関する国際的合意の形成とその変遷」, 「知的研紀要」 (2007).
- 宮澤溥明, 『著作権の誕生 フランス著作権史』, 太田出版, 2017.
- Ph. バレス (著)/宮澤溥明 (訳), 『音楽著作権の歴史』, 第一書房, 1997.
- 石井大輔, 「音楽著作権についての歴史的研究-革命期から19世紀のフランスを中心に-」, 『情報知識学会誌』, Vol.17, No.2 (2007).
- 石井大輔, 「フランスにおける音楽著作権保護と管理の史的展開-SACEMの創設と初期の活動の考察から-」, 『目白大学 総合科学研究』, 6号 (2010).
- Mark D. Janis (2002), Patent Abolitionism, Berkeley Technology Law Journal, Vol. 17, no.2.

PART 4

- 岡田賢一, 「アメリカ自動車工業の生成過程」, 『経済論叢』, 第89巻第6号 (1962).
- 堺憲一, 『だんぜんおもしろいクルマの歴史』, NTT出版, 2013.
- 松井道昭, 『フランス第二帝政下のパリ都市改造』, 日本経済評論社, 1997.
- 大島隆雄, 『ドイツ自動車工業成立史』, 創土社, 2000.
- カール・ベンツ (著)/藤川芳朗 (訳), 『自動車と私 カール・ベンツ自伝』, 草思社, 2013.
- 에릭 에커만, 『자동차 박물관』, 골든벨, 2010.
- 今野源八郎, 『アメリカ道路交通発達論-政策史的研究』, 東京大学出版会, 1959.
- 橋本毅彦, 『「ものづくり」の科学史 世界を変えた《標準革命》』, 講談社, 2013.
- デーヴィッド・A・ハウンシェル (David A. Hounshell) (著)/和田一夫他 (訳), 『アメリカン・システムから大量生産へ 1800-1932 (From the American System to Mass Production, 1800–1932)』, 名古屋大学出版会, 1998.

- Arthur Pound(1934), The Turning Wheel - The story of General Motors through twenty-five years, 1908-1933, Edizioni Savine.
- James Laux(1976), In First Gear: French Automobile Industry to 1914, Liverpool University Press.
- James Laux(1992), European Automobile Industry, Twayne Pub.
- David Beare(2018), Panhard&Levassor:Pioneers in Automobile Excellence, Amberley Pub Plc.
- Brian Ladd(2011), Autophobia: Love and Hate in the Automotive Age, University of Chicago Press.
- Michael L. Berger(1980), The Devil Wagon in God's Country: The Automobile and Social Change in Rural America, 1893-1929, Shoe String Pr Inc.
- Albert Neuburger(1988), Der Kraftwagen Sein Wesen und Werden, Zentralantiquariat der DDR.
- Robert F. Karolevitz(1968), This Was Pioneer Motoring: An Album of Nostalgic Automobilia!, Superior Publishing Co.
- John Bell Rae(1959), American automobile manufacturers: the first forty years, Chilton Co.
- Auto Quarterly(1971), American Car Since 1775, Dutton Adult.
- Dale H. Porter(1998), The life and times of Sir Goldsworthy Gurney - Gentleman Scientist and Inventor 1793-1875, Lehigh University Press.
- F. T. Evans(1998-99), Steam Road Carriages of the 1830s: Why Did They Fail?, Trans. Newcomen Soc., 70.

PART 5

- 坂本信太郎,「中世ヨーロッパの手工業者Ⅰ」,「早稲田商学」, 第350号(1992).
- 坂本信太郎,「中世ヨーロッパの手工業者Ⅱ」,「文化論集」, 第2号(1993).
- 藤田幸一郎,「18世紀ドイツの職人遍歴」,「一橋論義」, 第105巻第6号(1991).
- 佐久間弘展,「中世後期ドイツ職人組合の成立」,『早稲田大学大学院教育学研究科紀要』, 第14号(2004).
- 芦田亘,「第1次大戦後ドイツにおける国家コンツェルンの形成と産業再編成」,『経済論叢』, 108(3-4) (1971).
- 가시마 시게루,『괴제 나폴레옹 3세』, 글항아리, 2019.
- 鮫島真人,「ジョン・D・ロックフェラー1世の企業家活動と富の集積, 1839-1911年

(1), (2), 『經濟學論叢』, 第62巻第3号, 第4号(2011).

- 水野里香, 「シャーマン反トラスト法の成立(1890年) -アメリカ合衆国における州際通商と独占規制-」, 「エコノミア」, 第54巻第1号(2003).
- 未里周平, 『セオドア・ルーズベルトの生涯と日本-米国の西漸と二つの「太平洋戦争」』, 丸善プラネット, 2013.
- 谷原修身, 「反トラスト法における消費者保護法理の検証-『連邦取引委員会』90年の軌跡-」, 『青山法学論集』, 第48巻第1·2合併号(2006).
- 宮井雅明, 「反トラスト法における市場力の研究(一), (二)」, 『静岡大学法政研究』, 第1巻第1号-第4号(1997).
- 河野眞治, 「アメリカ航空運輸業における規制緩和と競争」, 『山口経済学雑誌』, 第38巻第3号, 第4号(1989).

PART 6

- 로렌스 레식, 『코드 2.0』, 나남, 2009.
- 松尾陽編, 『アーキテクチャと法-法学のアーキテクチュアルな転回?』, 弘文堂, 2017
- 弥永真生·宍戸常寿編, 『ロボット·AIと法』, 有斐閣, 2018.
- 大屋雄裕, 『自由か、さもなくば幸福か?-ニ一世紀の<あり得べき社会>を問う』, 筑摩選書, 2014.
- 水野祐, 『法のデザイン-創造性とイノベーションは法によって加速する』, フィルムアート社, 2017.

PART 7

- 리처드 탈러·캐스 R. 선스타인, 『넛지(Nudge)』, 리더스북, 2009.
- 成長戦略会議事務局(2021), 「新技術等実証制度(プロジェクト型規制のサンドボックス制度)について」, 内閣官房.
  https://www.kantei.go.jp/jp/singi/keizaisaisei/pdf/underlyinglaw/sandboximage827.pdf

본문 전반에 걸친 참고문헌

- 今井宏編,『世界歷史大系 イギリス史2 近世』, 山川出版社, 1990
- 村岡健次·木畑洋一編,『世界歷史大系 イギリス史3 近現代』, 山川出版社, 1991
- 成瀬治·山田欣吾·木村靖二,『世界歷史大系 ドイツ史2 1648年-1890年』, 山川出版社, 1996
- 成瀬治·山田欣吾·木村靖二,『世界歷史大系 ドイツ史3 1890年-現在』, 山川出版社, 1997
- 柴田三千雄·樺山紘一·福井憲彦,『世界歷史大系 フランス史2 16世紀-19世紀なかば』, 山川出版社, 1996
- 柴田三千雄·樺山紘一·福井憲彦,『世界歷史大系 フランス史3 19世紀なかば-現在』, 山川出版社, 1995
- 有賀貞·大下尚一·志邨晃佑·平野孝編,『世界歷史大系 アメリカ史1 17世紀-1877年』, 山川出版社, 1994
- 有賀貞·大下尚一·志郎晃佑·平野孝編,『世界歷史大系 アメリカ史2 1877年-1992年』, 山出版社, 1993

세계사를 바꾼
룰이야기

1판 1쇄 2023년 8월 28일

지은이 이토 다케루
옮긴이 조사연
발행인 김인태
발행처 삼호미디어

등록 1993년 10월 12일 제21-494호
주소 서울특별시 서초구 강남대로 545-21 거림빌딩 4층
　　　www.samhomedia.com
전화 02-544-9456(영업부) | 02-544-9457(편집기획부)
팩스 02-512-3593

ISBN 978-89-7849-693-3 (03900)